TOUZI LICAI ZONGHE JINENG

投资理财综合技能

期货投资

QIHUO TOUZI

杨树林　黄海沧　编著

浙江工商大学出版社
ZHEJIANG GONGSHANG UNIVERSITY PRESS
·杭州·

图书在版编目(CIP)数据

期货投资 / 杨树林，黄海沧编著. —杭州 ：浙江工商大学出版社，2013.8(2020.8 重印)
(投资理财综合技能)
ISBN 978-7-81140-968-0

Ⅰ. ①期… Ⅱ. ①杨… ②黄… Ⅲ. ①期货交易—教材 Ⅳ. ①F830.9

中国版本图书馆 CIP 数据核字(2013)第 198018 号

期货投资

QIHUO TOUZI

杨树林 黄海沧 编著

责任编辑 沈敏丽
责任校对 何小玲
封面设计 许寅华
责任印制 包建辉
出版发行 浙江工商大学出版社
(杭州市教工路 198 号 邮政编码 310012)
(E-mail:zjgsupress@163.com)
(网址:http://www.zjgsupress.com)
电话:0571-88904980,88831806(传真)
排 版 杭州朝曦图文设计有限公司
印 刷 广东虎彩云印刷有限公司绍兴分公司
开 本 880mm×1230mm 1/32
印 张 4
字 数 104 千
版 印 次 2013 年 8 月第 1 版 2020 年 8 月第 5 次印刷
书 号 ISBN 978-7-81140-968-0
定 价 48.00 元(全四册)

浙江工商大学出版社营销部邮购电话 0571-88904970

序

经过整整十年的改革与实践，我们最终把建设成果编成教材公开出版。从教改课题立项，到以课程形式列入投资与理财专业人才培养方案，再到编写教案与自编（内部）教材，最后公开出版，我们一直在不断地探索与完善，致力于科学地处理先导技能课程与专业课程之间的关系，并形成系统化的专业技能体系。

2002 年，我与当时刚从大学毕业来到我校的裘晓飞老师共同申报了学校教学改革项目“实践教学带动理论教学——投资与理财专业的探索与实践”，当年底在项目结题报告中提出：构建独立的先导技能课程体系，实现实践教学带动理论教学的效果。这一成果在 2003 级投资与理财专业人才培养方案中得到体现：专门开设 1—5 学期的“投资理财技能”课程，每周 1 课时，各学期的课程内容分别是：股票投资、基金投资、黄金投资、外汇投资、期货投资。一方面，“投资理财技能”课程是先导课程，体现“实践走在理论之前，实践教学带动理论教学”的专业学习理念。因此，在时间安排上，“投资理财技能”课程先于一般的专业课程，即在学生第二学期学习专业课程“证券投资实务”之前，在第一学期让学生动手操作“股票投资”；在第三学期学习专业课程“基金投资”之前，在第二学期让学生动手操作“基金投资”……另一方面，“投资理财技能”课程是纯粹的实践操作课程，老师与学生一起看盘、一起买卖、一起简单分析，目的就是让学生产生疑问：为什么价格不一样？为什么行情是上涨或下跌？趋势为什么会改变？等等。然后，下一学期的专业课程将全面帮助学生解答这些疑问。

上述教学改革已被我们确定为“技能先导”，它与“实践贯穿”共同构成投资与理财专业人才培养方案的主要特色。“技能先导”就是要让学生先“动”起来，形成“先实践后理论学习、边实践边理论学习”的制度设计，让学生“玩专业”，从而更好地激发学生“爱专业”的学习兴趣。实践证明，“技能先导”的教学改革，大大提升了学生的专业学习兴趣，提高了专业课程的教学效果。

“技能先导”的教学改革在这十年中不断地深化，先导技能课程体系与专业课程体系也都不断地完善，双方之间的衔接更为顺畅与紧密。同时，相应的配套教材也不断革新。先导技能课程不同于一般的专业课程，其内容体系不容易把握：如果一味地只讲操作，学生会很迷茫，不知其所以然；也不能有太多的理论，因为课程教学目的是让学生在操作中产生兴趣与疑问。因此，我们无法从外部得到合适的教材。一开始，我们用教案、课件，同时教研室开展专题研讨，反复修改，力求实现课程的准确定位；后来形成自编教材，但一直没有公开出版。恰逢我校投资与理财专业列入教育部、财政部重点支持的“高等职业学校‘提升专业服务产业发展能力’”项目，我们决定在进一步修订完善的基础上，公开出版“投资理财综合技能丛书”（包括《股票投资》《基金投资》《外汇黄金投资》《期货投资》4 个分册）。

股票投资、基金投资、黄金投资、外汇投资和期货投资是当前大学生学习投资理财的主要基础技能，因此，本套教材既可作为投资与理财专业及相关专业（包括证券与期货专业、金融与证券专业、金融专业投资方向等，统称投资理财类专业）的技能教材，也可作为非投资理财类专业的相关专业课程教材，因为对于非投资理财类专业学生来说，掌握股票、基金、黄金、外汇、期货投资的基本技能，能进行简单的投资分析已经足够，不必非要选用知识面很宽、程度较深的教材。同时，本教材也是社会大众学习投资理财知识与技巧，指导投资操作的良好手册。

本套教材是老师们多年不断地深化“技能先导”教学改革，持续优化股票、基金、黄金、外汇、期货等投资技能教学的成果，在此向每本教材的编写人员表示衷心感谢！特别要感谢王静教授、黄海沧教授与裘晓飞副教授，王静教授是“技能先导”教学改革的最早设计者与实践者，后两位教授是投资与理财专业的副主任，对投资与理财专业教学改革的深化，以及先导技能课程教材的出版都做出了重要贡献。

在本套书的编写过程中，我们借鉴了相关职业资格考证的内容与一些表述，吸收了前辈及同行很多富有价值的成果，在此对他们表示衷心感谢。由于编者水平有限，书中难免存在错误或不足之处，敬请广大读者批评指正。

陶永诚

2013 年 8 月

目　　录

实训一　期货基础知识入门

实训目的

了解期货基本概念及中外期货市场，熟悉期货交易的特征，熟悉并理解期货合约的条款，增加对期货的感性认识。

实训内容

1. 认识期货交易与现货交易、远期交易的异同。
2. 熟悉期货合约的主要条款与规定。
3. 通过网络查询中外期货市场的现状与发展趋势、期货的品种。

知识链接

期货是指按照期货交易所交易规则、双方当事人约定，同意在未来特定时间，依特定价格与数量等交易条件买卖交收商品，或到期结算差价的契约。期货合约是指由期货交易所统一制定的、规定在将来某一特定的时间和地点交割一定数量和质量商品的标准化合约，是期货交易的对象。

一、期货交易与现货交易、远期交易的区别

现货交易是买卖双方出于对商品需求或销售的目的，主要采用实时进行商品交收的一种交易方式。期货交易是指在期货交易所内集中买卖期货合约的交易活动，是一种组织化的交易方式，在交易对象、交易时间、交易空间等方面有较为严格的限定。期货交易的对象是标准化的期货合约，是由期货交易所统一制定的，规定在将来某一特定的时间和地点交割一定数量和质量商品的标准化合约。期货交

易与现货交易的区别见表 1-1。

表 1-1　期货交易与现货交易的区别

	期货交易	现货交易
交易对象	标准化合约	商品
交割时间	存在时间差，商流和物流分离	即时或很短时间内成交，商流和物流在时空上基本一致
交易目的	转移风险或追求风险收益	获得或让渡商品所有权
交易场所与方式	交易所集中交易，公开竞价	场所和方式无特定限制
结算方式	每日无负债结算	一次性结算为主，货到付款或分期结算为辅

远期交易是指买卖双方签订远期合同，规定在未来某一时间进行商品交收的一种交易方式。远期交易属于现货交易，是现货交易在时间上的延伸。期货交易与远期交易的区别见表 1-2。

表 1-2　期货交易与远期交易的区别

	期货交易	远期交易
交易对象	标准化合约	非标准化合约，合同要素由买卖双方商定
交易目的	转移风险或追求风险收益	获得或让渡商品所有权
功能作用	规避风险或价格发现	具有一定的转移风险的作用
履约方式	对冲平仓，到期交割	商品交收
信用风险	非常小	较高
保证金制度	合约价值的 5%—10%	双方协商定金

二、期货品种

包括商品期货和金融期货。商品期货是指标的物为实物商品的期货合约。商品期货历史悠久、种类繁多，主要包括农产品期货、金属期货和能源期货。

金融期货是指以金融工具或金融产品作为标的物的期货交易方式。其合约标的物不是实物商品，而是金融工具或金融产品，如外汇、债券、股票指数等（见图 1-1）。

随着商品期货、金融期货交易实践的不断深化和发展，其应用范围并不局限于商品和金融领域，更可以应用于社会、政治和经济等各个领域，因而国际期货市场上出现了天气期货、信用期货、选举期货等期货交易品种。

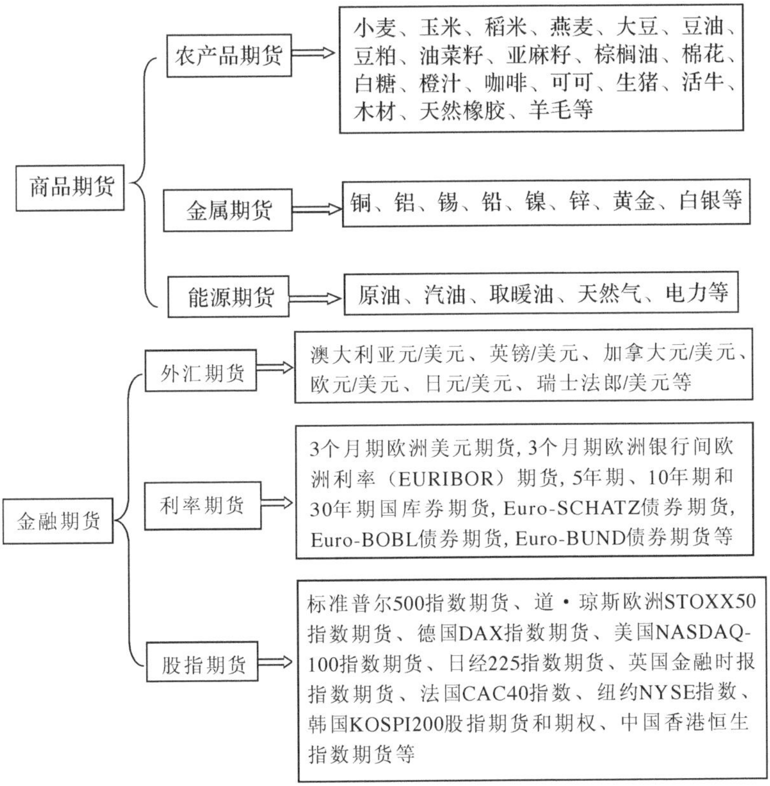

图 1-1 期货的主要类型

三、期货交易的基本特征

期货交易的基本特征可归纳为如下 6 个方面。

1.合约标准化。期货合约标准化是指除价格外的所有条款都是预先由期货交易所统一规定好的，这给期货交易带来很大便利，交易双方不需对交易的具体条款进行协商，节约交易时间，减少交易纠纷。

2.杠杆机制。交易者在进行期货交易时只需要缴纳少量的保证金，一般为成交合约价值的 5%—10%，就能完成数倍乃至数十倍的合约交易，具有以少量资金就可以进行较大价值额投资的特点。

3.双向交易。双向交易是指期货交易者既可以买入期货合约作为期货交易的开端(称为买入建仓)，也可以卖出期货合约作为交易的开端(称为卖出建仓，即使投资者不拥有商品也可以卖出建仓)，也就是通常所说的“买空卖空”。

4.对冲机制。在期货交易中大多数交易者并不是通过合约到期时进行交割来履行合约，而是通过与建仓时的交易方向相反的交易来解除履约责任。具体说就是买入建仓之后可以通过卖出相同合约的方式解除履约责任，卖出建仓后可以通过买入相同合约的方式解除履约责任。

5.当日无负债结算制度。在每个交易日结束后，对交易者当天的盈亏状况进行结算，在不同交易者之间根据盈亏情况进行资金划转，如果交易者亏损严重，保证金账户资金不足，则要求交易者必须在下一日开市前追加保证金，做到“当日无负债”。

6.交易集中化。期货市场是一个高度组织化的市场，期货交易最终在期货交易所内集中完成。

四、认识期货标准化合约的规定

期货合约各项条款的设计对期货交易有关各方的利益及期货交易能否活跃至关重要。

期货合约的主要条款：合约名称、交易单位与合约价值、报价单位、最小变动价位、每日价格最大波动限制、合约交割月份、交易时间、最后交易日、交割日期、交割品级、交割地点、交易手续费、交割方式、交易代码。下面以阴极铜标准合约为例（见表 1-3）。

表 1-3 《上海期货交易所阴极铜标准合约》（修订案）

交易品种	阴极铜
交易单位	5 吨/手
报价单位	元（人民币）/吨
最小变动价位	10 元/吨
每日价格最大波动限制	不超过上一交易日结算价±3%
合约交割月份	1—12 月
交易时间	9:00—11:30，13:30—15:00
最后交易日	合约交割月份的 15 日（遇法定假日顺延）
交割日期	最后交易日后连续 5 个工作日
交割品级	标准品：阴极铜，符合国标 GB/T467—2010 中 1 号标准铜（Cu－CATH－2）规定，其中主成分铜加银含量不小于 99.95%。 替代品：阴极铜，符合国标 GB/T467—2010 中 A 级铜（Cu－CATH－1）规定；或符合 BS EN 1978:1998 中 A 级铜（Cu－CATH－1）规定。
交割地点	交易所指定交割仓库
最低交易保证金	合约价值的 5%
交易手续费	不高于成交金额的万分之二（含风险准备金）

续 表

交易品种	阴极铜
交割方式	实物交割
交易代码	CU
上市交易所	上海期货交易所

五、中外期货市场

（一）我国内地期货市场

目前我国内地的期货市场由上海期货交易所、郑州商品交易所、大连商品交易所和中国金融期货交易所4家期货交易所组成。

上海期货交易所是依照有关法规设立，履行有关法规规定的职责，受中国证监会集中统一监督管理，并按照其章程实行自律管理的法人。上海期货交易所目前上市交易的有黄金、白银、铜、铝、锌、铅、螺纹钢、线材、燃料油、天然橡胶10种期货合约。上海期货交易所现有会员200多家（其中期货经纪公司会员占近80%），在全国各地开通远程交易终端700多个。随着行业风险控制能力的强化提高、市场交易的持续活跃和规模的稳步扩大，市场功能及其辐射影响力显著增强，铜期货价格作为世界铜市场三大定价中心权威报价之一的地位进一步巩固；天然橡胶期货价格得到国内外各方的高度关注；燃料油期货在探索能源期货发展的道路上稳健运行；锌期货上市后，与铜、铝期货关联，初步形成了有色金属期货品种系列；黄金期货的上市，为促进黄金市场的发展，增进商品期货市场与金融市场的联系开辟了新路径；钢材期货的上市，将逐步优化钢材价格形成机制，促进钢铁工业健康有序发展，进一步提高我国钢铁工业的国际竞争力。

郑州商品交易所（以下简称郑商所）是经国务院批准成立的我国

首家期货市场试点单位，隶属中国证券监督管理委员会。郑商所实行会员制，会员大会是郑商所的权力机构，由全体会员组成。理事会是会员大会的常设机构，下设战略发展、品种、监察、交易、交割、会员资格审查、调解、财务、技术、结算等10个专门委员会。截至2012年底，郑商所共有会员209家，分布在全国27个省、自治区、直辖市。其中期货公司会员167家，占会员总数的80%；非期货公司会员42家，占会员总数的20%。

大连商品交易所(以下简称大商所)成立于1993年2月28日，是中国东北地区唯一一家期货交易所。经中国证监会批准，目前上市交易的有玉米、黄大豆1号、黄大豆2号、豆粕、豆油、棕榈油、线型低密度聚乙烯、聚氯乙烯、焦炭和焦煤共计10个期货品种。成立20年来，大商所规范运营、稳步发展，已经成为我国重要的期货交易中心。截至2012年末，大商所共有会员178家，指定交割库91个，2012年期货成交量和成交额分别达12.66亿手和66.64万亿元。根据美国期货业协会(FIA)公布的全球主要衍生品交易所成交量排名，2012年大商所在全球排名第11位。

中国金融期货交易所(以下简称“中金所”)是经国务院同意，中国证监会批准，由上海期货交易所、郑州商品交易所、大连商品交易所、上海证券交易所和深圳证券交易所共同发起设立的金融期货交易所。中国金融期货交易所于2006年9月8日在上海成立，注册资本为5亿元人民币。中国金融期货交易所的成立，对于深化金融市场改革，完善金融市场体系，发挥金融市场功能，具有重要的战略意义。中国金融期货交易所的主要职能是：组织安排金融期货等金融衍生品上市交易、结算和交割；制订业务管理规则；实施自律管理；发布市场交易信息；提供技术、场所、设施服务。

表 1-4　我国内地四大期货交易所的 32 个品种(截至 2013 年 7 月 4 日)

交易所	品种	交易所	品种	交易所	品种	交易所	品种
上海期货交易所	铜	郑州商品交易所	棉花	大连商品交易所	黄大豆1号	中国金融期货交易所	沪深300指数期货
	/		白糖		黄大豆2号		5年期国债期货(准备推出)
	铝		PTA		豆粕		
	锌		菜籽油		玉米		
	铅		早籼稻		豆油		
	黄金		甲醇		线型低密度聚乙烯		
	天然橡胶		普麦		棕榈油		
	燃料油		玻璃		聚氯乙烯		
	螺纹钢		油菜籽		焦炭		
	线材		菜籽粕		焦煤		
	白银		强麦				

证券监督管理委员会全国期货市场交易情况中国统计资料表明,2012 年全国期货市场累计成交量为 14.5 亿手,同比增长 37%;成交金额为 171 万亿元,同比增长逾 24%。

(二)国际著名期货交易所

1. 芝加哥商业交易所(CME)。芝加哥商业交易所是美国最大的期货交易所,也是世界上第二大买卖期货和期货期权合约的交易所。芝加哥商业交易所向投资者提供多项金融和农产品交易。

2. 芝加哥期货交易所(CBOT)。芝加哥期货交易所是当今世界上交易规模最大、最具代表性的农产品交易所。2006 年 10 月 17 日，美国芝加哥城内的两大交易所——芝加哥商业交易所与芝加哥期货交易所正式合并成为芝加哥交易所集团。

3. 纽约商业交易所(NYMEX)。纽约商业交易所是美国第三大期货交易所，也是世界上最大的实物商品交易所。该交易所成立于 1872 年，坐落于曼哈顿市中心，为能源和金属提供期货和期权交易，其中以能源产品和金属为主。

4. 伦敦金属交易所(LME)。伦敦金属交易所是世界上最大的有色金属交易所，其价格和库存对世界范围的有色金属生产和销售有着重要的影响。21 世纪初起，伦敦金属交易所开始公开发布其成交价格并被广泛作为世界金属贸易的基准价格。

5. 东京工业品交易所(TOCOM)。东京工业品交易所又称东京商品交易所，是日本唯一的一家综合商品交易所。东京工业品交易所是目前世界上最大的铂金和橡胶交易所，其黄金和汽油的交易量位居世界第二位，仅次于美国的纽约商业交易所。

6. 新加坡国际金融交易所(SIMEX)。新加坡国际金融交易所成立于 1984 年，是亚洲第一家金融期货交易所。SIMEX 是一家国际性的交易所，其交易品种涉及期货和期权合约、利率、货币、股指、能源、黄金等。

实训要求

1. 举例区分远期交易与期货交易。

2. 查询国内各期货交易所的期货合约，并写出几个期货合约的主要条款(如交易代码、交易单位等)。

3. 写出实训报告。

实训二　期货行情软件应用

实训目的

能从期货公司网站下载、安装期货软件，并熟练操作；能运行期货行情软件和进行行情查询，准确获得行情信息；能熟练运用期货软件的基本功能。

实训内容

1. 了解几种主要的期货行情软件。
2. 进行期货行情软件的下载与安装。
3. 进行期货行情软件的运行和期货行情查询。
4. 进行期货行情软件功能应用。

知识链接

一、主要期货行情软件介绍

(一)博易大师行情分析系统

博易大师是纳牛网与上海澎博网络数据信息咨询有限公司合作推出的一款期货行情软件，是国内期货主流行情软件之一，支持国内、国际期货，金融指数，上海、深圳证券，外汇等市场的实时行情显示及图表技术分析；支持24小时全球品种看盘需求，适合大部分客户使用；自带用户名与密码、买卖点提示指标，使用简捷方便、功能完备实用、股市行情数据接收快速准确；集成历史回忆、自定义指标、实时价量仓统计、套利分析、商品叠加、快速下单程序化交易等多种实用工具。

(二)文华行情分析系统

文华行情分析系统在技术分析方面配备62个分析指标和可供市场研究人员、资深技术分析师使用的指标公式编辑平台，用户利用平台提供的14个运算符和63个函数可以把自己的投资经验变成指标公式，并绘出图表。画线分析方面，软件配备10种画线工具及算法编辑平台，让客户可以根据自己的经验，修改和优化画线的算法。其中大势分析线是将菲波那奇数列和艾略特波浪理论进行深入研究后得出的一种很有效的研判画线分析工具。

(三)富远行情分析系统

富远网上期货行情分析系统是上海富远软件技术有限公司自主开发的适合中国期货投资者使用的软件系统。该系统行情速度快，比常用的卫星传输的行情速度快3—7秒；全天候支持各类行情；可以自定义分割页面组合；拥有强大的画线分析及公式编制功能，能准确地显示日线、周线、月线、分时图、分钟线等；支持盘后分析，拥有详尽的成交量、持仓量统计。

(四)富远手机行情系统

该系统主要针对旅途中的客户，其最大的优势是可以随时随地看行情和下单。但要注意手机毕竟有缺点，即速度与可靠性不一定能够保证。目前开通手机下单的客户，必须在电脑上确认账单，只有确认账单后才能进行交易。由于手机下单软件通过恒生系统接口进行交易，所以使用“上期技术综合交易平台CTP”或“易盛交易系统”进行交易的客户不能使用。该系统支持市场上常见的手机类型。

二、期货行情软件的下载与安装

下面重点以博易大师行情软件及交易系统为例，进行安装方式的介绍与演示。

双击博易大师的安装文件即可进行安装，安装过程如图 2-1、图 2-2、图 2-3 所示。

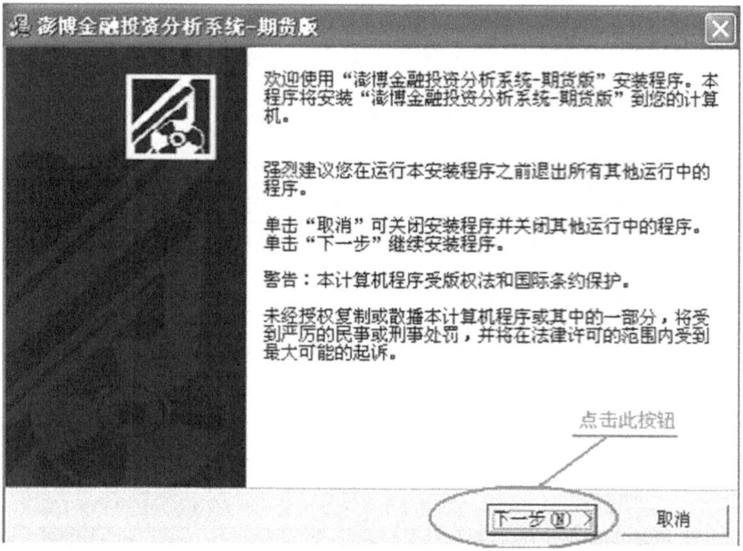

图 2-1　系统安装界面

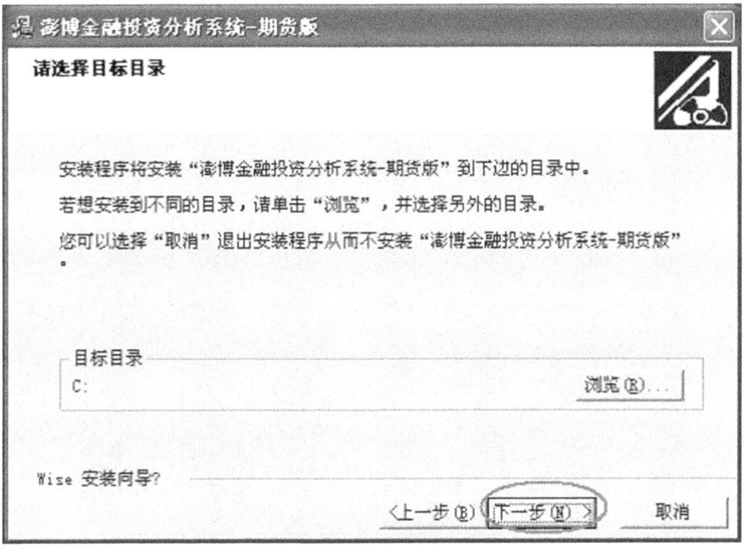

图 2-2 系统安装界面(选择目标目录)

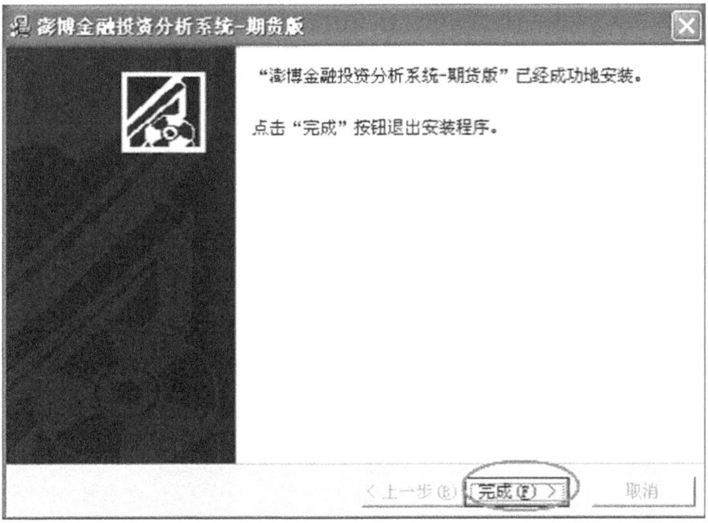

图 2-3 系统安装界面(完成)

三、期货行情软件功能介绍

下面以博易大师行情软件及交易系统为例，进行介绍与演示。

(一)登录系统

1. 双击博易大师的图标即会弹出登录界面，如图 2-4。

图 2-4 系统登录界面

2. 在登录界面中，提供了测速按钮，可首先点击测速。测速完成后，选择延时最小的站点，输入用户名和密码，点击登录按钮。

(二)调入系统界面

系统界面根据界面布局的不同可分为工具栏靠上和靠左两种，如图 2-5 为常见的工具栏靠上的界面。

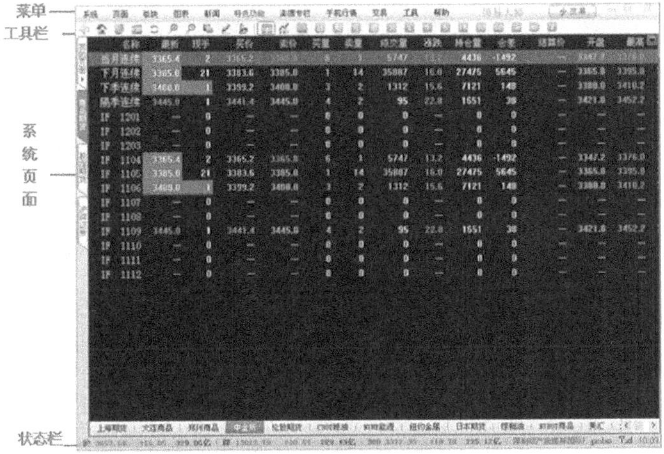

图 2-5 工具栏靠上界面

博易大师中共有三个系统界面：商品期货、股指期货、沪深证券。

1. 商品期货界面。点击系统左边界面处的“商品期货”，即可调入商品期货界面，如图 2-6。

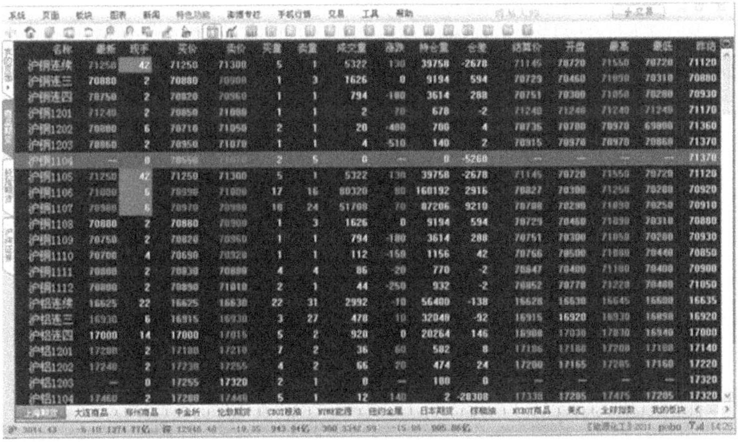

图 2-6 商品期货界面

2. 股指期货界面。点击系统左边界面处的“股指期货”，即可调入股指期货界面，见图 2-7。

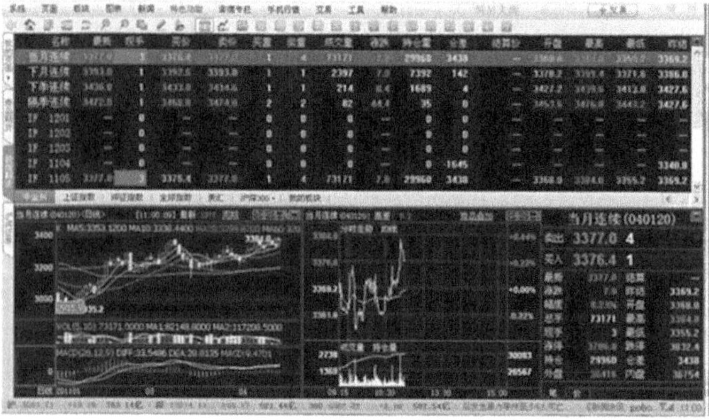

图 2-7　股指期货界面

(1)股指期货界面默认划分为三个窗口，最上方显示报价，下方分别显示分时图和 K 线图。

(2)若要查看其他品种，只需在报价界面双击品种合约，下方自动转为选中品种的 K 线图和分时图。

3. 沪深证券界面。点击系统左边界面处的“沪深证券”，即可调入沪深证券界面，见图 2-8。

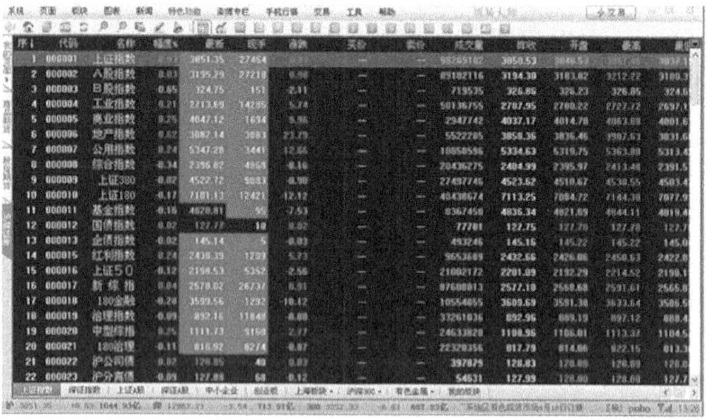

图 2-8　沪深证券界面

沪深证券界面下方的第 7、8、9 三个板块分别属于地域板块、指数板块、行业板块。点击这些板块名称后面的白色小箭头可以选择调入同类的不同板块。

(三)报价界面

点击菜单中的“图表”,选择“报价画面”即可进入报价界面,如图 2-9。

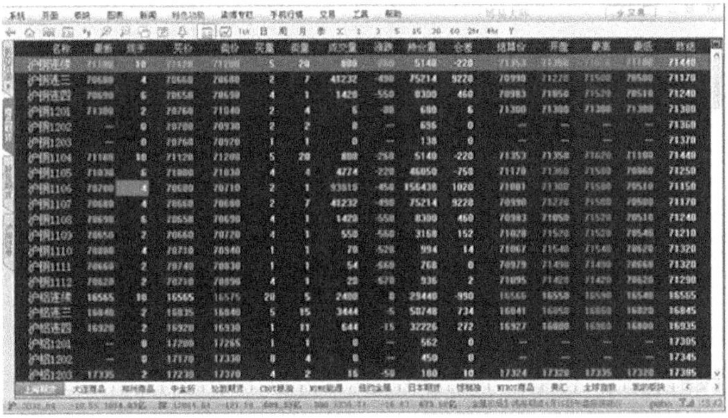

图 2-9 报价界面

1. 只有靠上时工具栏才能显示周期 K 线的快捷按钮(菜单栏选择“工具”—“选项”—界面布局选择“工具栏靠上”)。

2. 在报价界面可对“买价”“卖价”进行字体的放大。操作方法:右键单击选择“属性”—“选中行买一卖一字体放大”,即可调整大小。

3. 编辑报价栏目。

(1)在报价界面点击菜单中的“工具”,选择“报价栏目”。

(2)在“编辑栏目”对话框中对报价栏目进行编辑后点击“确定”即可,见图 2-10。

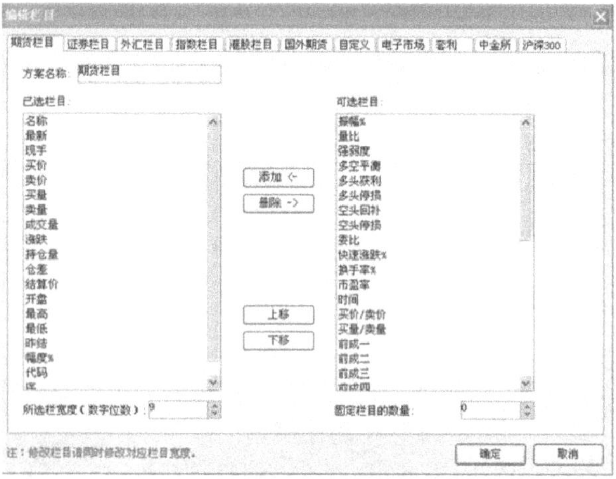

图 2-10　编辑栏目

①编辑板块的报价栏目时需选择对应的栏目分类。例如编辑"上海期货"板块的报价栏目时应选择"期货栏目"。

②固定的栏目在报价界面无法通过选中后直接拖动的方式来改变其位置。

(四)闪电图界面

点击工具栏"Tick"按钮,即可进入闪电图界面,如图 2-11。

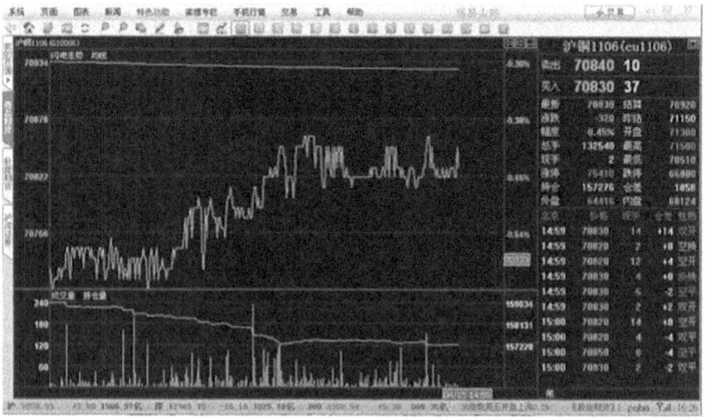

图 2-11　闪电图界面

1. 闪电图中的白线代表右侧信息窗口中每一笔价格。

2. 黄线为均价线。

(五)走势图界面

在报价界面双击商品或选中商品后按 Enter(回车)键即可进入其分时走势图界面,见图 2-12。

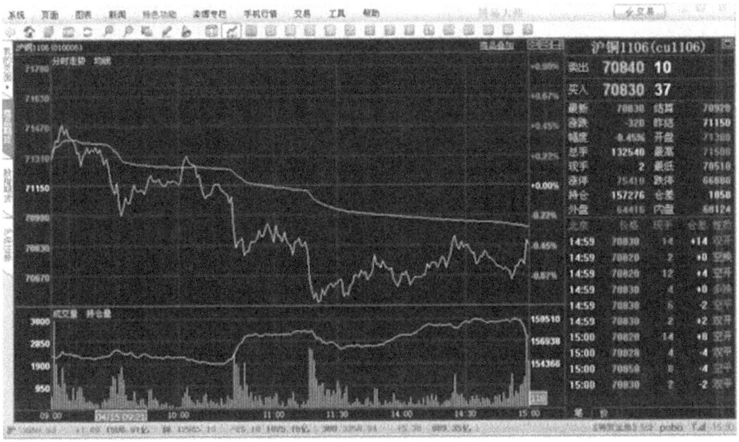

图 2-12 走势图界面

1. 走势图中每一分钟画一个点,白线中每个点代表每分钟的最后一笔成交价。

2. 黄线为均价线。

3. IF 品种(股指期货)在每月第三个星期五,即当月 IF 合约交割日,交割合约的走势图下午开盘后会出现一根估算交割价的水平线,该线可以实时变动,如图 2-13。

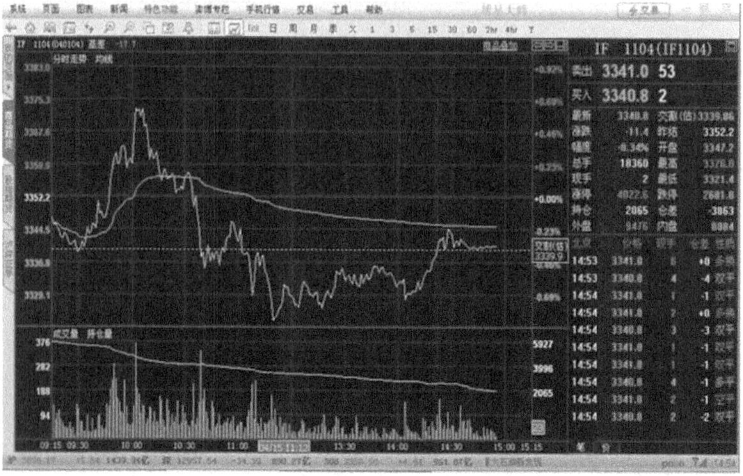

图 2-13　估算交割价的水平线

4.历史回忆。博易大师中可查看某商品近 10 日或某一具体日期的历史回忆。在分时图界面点击菜单中的“特色功能”,选择“历史回忆”。

例如,查看沪铜 1106 近 5 日的历史回忆,如图 2-14。

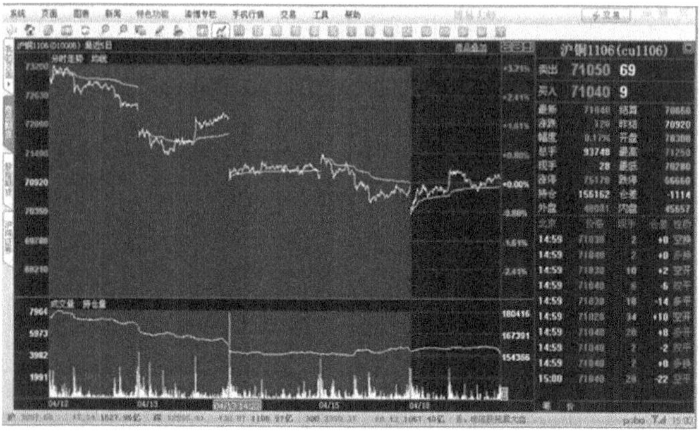

图 2-14　历史回忆界面

(1)查看近几日的历史回忆,可直接点击菜单栏“特色功能”—“历史回忆”,选择相应时间即可。

(2)查看某一日期的历史回忆,可直接点击菜单栏“特色功能”—“历史回忆”—“选择日期”,选择相应的日期即可。

5.成交明细。在分时图界面直接按 F1 即可调出商品的成交明细,如图 2-15。

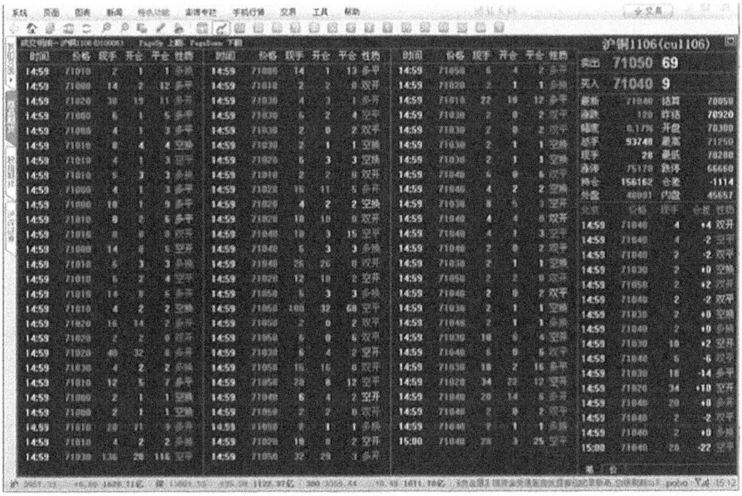

图 2-15 成交明细界面

成交明细分三栏显示,滚动鼠标可上下翻页。

6.价量分布。

方式 1:在分时图界面点击菜单中的“特色功能”—“价量分布”。

方式 2:在分时图界面直接按 F2,如图 2-16。

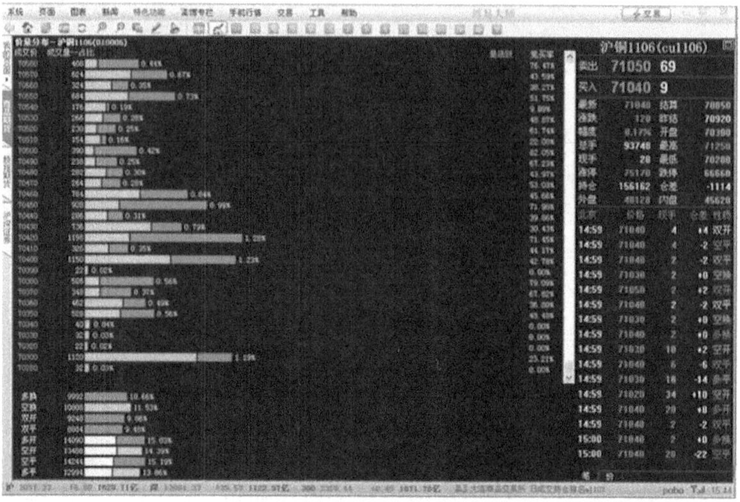

图 2-16　价量分布界面

为了更形象直观地观看价量分布图，在走势图信息窗口中增加了“价”的功能，如图 2-17 所示。

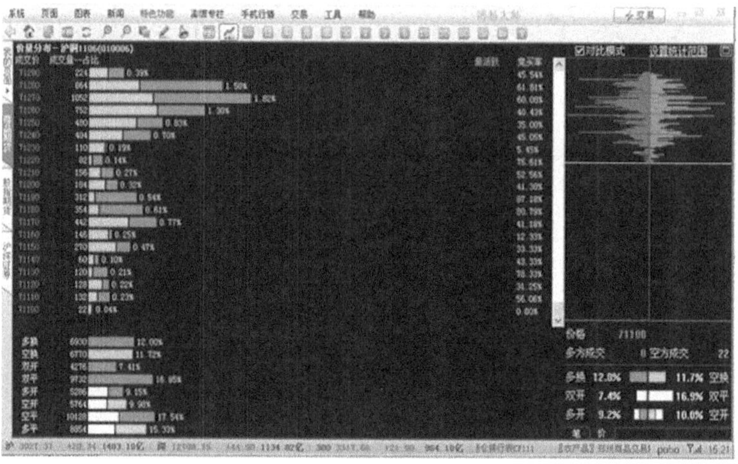

图 2-17　走势图信息窗口的“价”功能

7. 商品叠加。博易大师分时图中可进行商品叠加。在分时图界面单击右上角的“商品叠加”—“选择商品”—选择要叠加的商品—“确定”，如图 2-18。

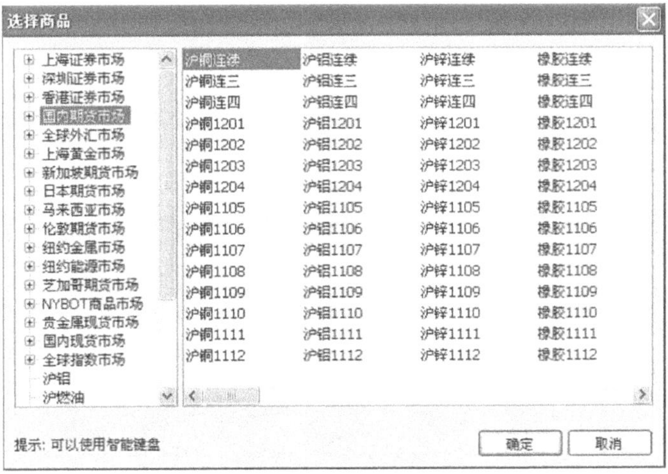

图 2-18　商品叠加

例如，在沪铜 1106 上叠加沪铜 1107，叠加后如图 2-19。

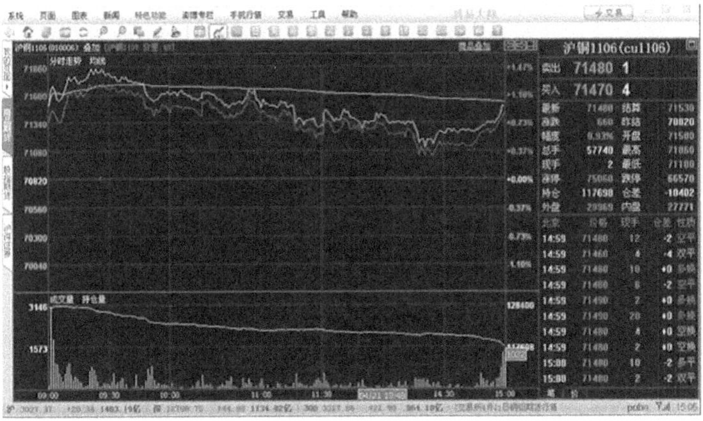

图 2-19　商品叠加界面

(1)走势图中叠加采用绝对坐标进行叠加。

(2)走势图叠加功能更适合在 IF 品种合约叠加沪深 300 指数时使用。

(六)K 线图界面

在分时图界面直接按 Enter(回车)键即可进入 K 线图界面,如图 2-20。

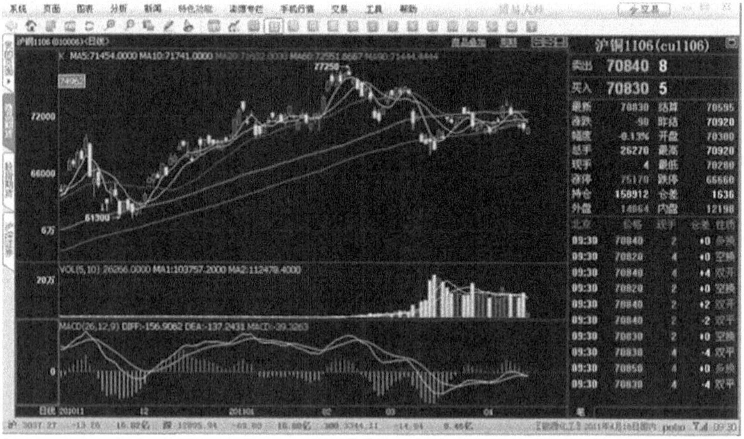

图 2-20 K 线图界面

1. K 线图界面由主图和副图组成,可实现多图组合,只需在 K 线图空白处单击鼠标右键选择"视图组合"即可。

2. 用键盘左右箭头浏览 K 线时,箭头光标自动隐藏。

3. 鼠标双击 K 线副图,可对其进行放大、缩小。

4. 商品叠加。在 K 线图界面点击菜单中的"特色功能"—"商品叠加"—选择要叠加的商品、坐标类型—"确定",如图 2-21。

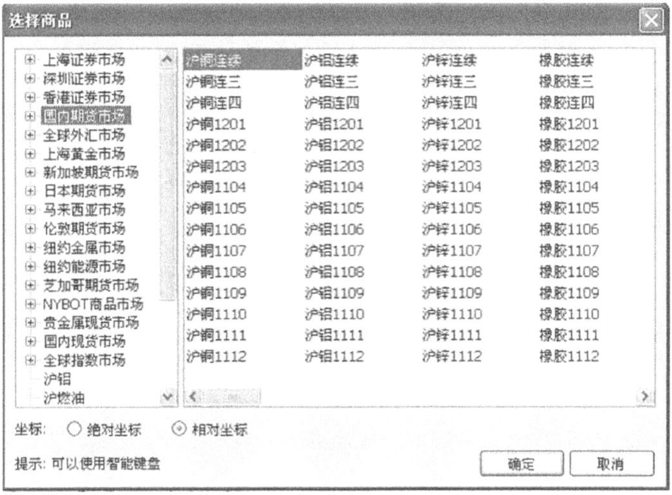

图 2-21　商品叠加功能

商品价格相差较小时可选择"绝对坐标"叠加；商品价格相差较大时可选择"相对坐标"叠加。例如，在沪铜 1109 上叠加沪铜 1112，选择以"绝对坐标"叠加后如图 2-22 所示。

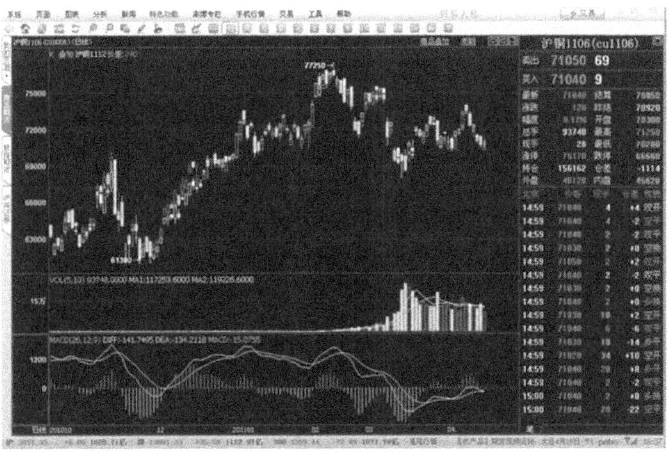

图 2-22　"绝对坐标"叠加界面

(1)博易大师目前支持 8 个商品以不同的颜色同时叠加。

(2)删除叠加的商品时,先选中该商品 K 线,然后按“Del”键即可。

5. 套利分析。在 K 线图界面点击菜单中的“特色功能”—“套利分析”—在“选择商品”对话框中选择套利的商品、数据项、类型—“确定”,如图 2-23。

图 2-23　套利分析功能

(1)商品交易的货币单位相同(如都是人民币)时可选择“差价”进行套利;交易的货币单位不同时可选择“比价”进行套利。

(2)差价和比价同时套利,可选择“差价及比价”。

例如,沪铜 1106 和沪铜 1112,选择用“收盘价”“差价”套利后如图 2-24。

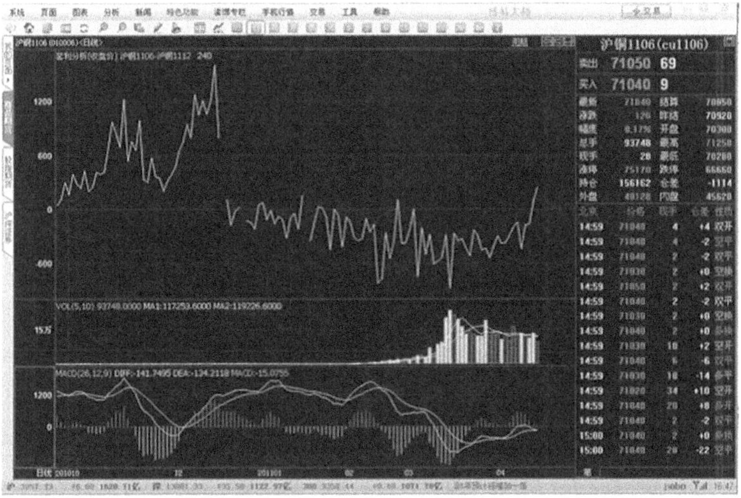

图 2-24 套利分析界面

6. 指标。

(1)调出指标。在 K 线图界面,点击菜单中的"特色功能",选择"选择指标"。

(2)删除调出的指标。在 K 线图界面选中指标(选中后指标线上会出现很多白色的小方块),然后按"Del"键即可。

(3)指标管理。

①新建指标。首先,在 K 线图界面,点击菜单中的"特色功能",选择"指标管理"。其次,在"指标管理"对话框中点击"新建"(如图 2-25)。最后,在"指标编辑器"对话框中对指标进行编辑后点击"测试",显示"测试通过"后点击"确定",如图 2-26。

新建指标的名称不能与已有指标名称重复;指标属性包括副图(指标作为副图显示)、主图叠加(指标叠加在主图上显示)、主图(指标作为主图显示)。

图 2-25　指标管理界面

另外,点击"分组管理"可新建和删除指标分组;"分组"中显示的是指标分组,"全部"中显示的是所有指标(按名称以字母排序),"自编"中显示的是所有自定义的指标。

②修改指标。首先,在 K 线图界面点击菜单中的"特色功能",选择"指标管理"。其次,在"根据管理"为对话框中选中指标,然后点击"修改"(如图 2-25)。最后,在"指标编辑器"对话框中对指标进行修改后点击"测试",显示"测试通过"后点击"确定"(如图 2-26)。

③删除指标。首先,在 K 线图界面点击菜单中的"特色功能",选择"指标管理"。其次,在"指标管理"对话框中选中指标,然后点击"删除"(如图 2-25)。

图 2-26

7. 周期更换。在 K 线图界面直接点击右上角的"周期"按钮即可进行周期选择,如图 2-27。

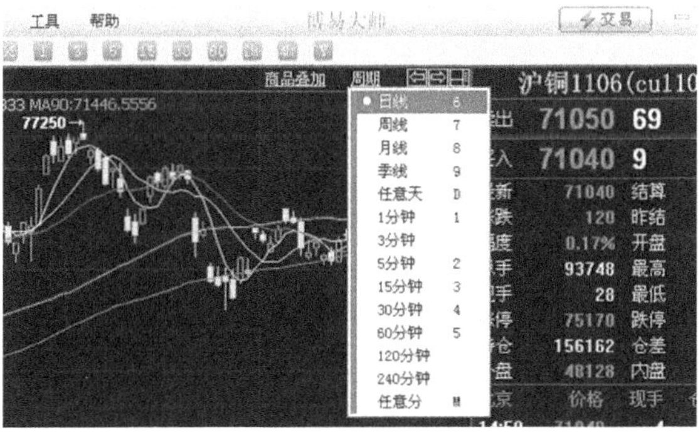

图 2-27 周期选择界面

8. 画线。在 K 线图界面,点击工具栏中的画线工具图标即会弹出画线工具对话框,如图 2-28。

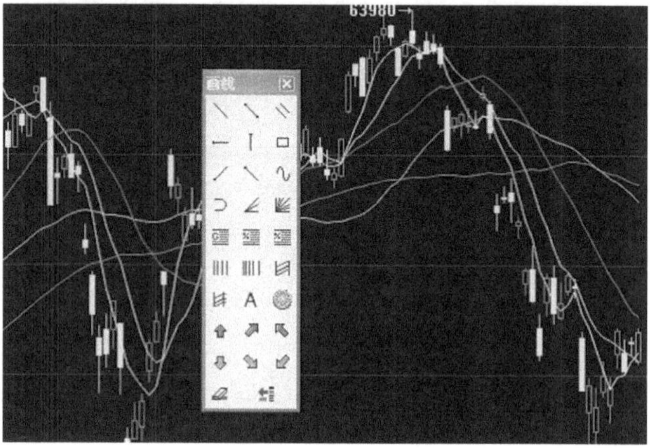

图 2-28 “画线”功能

(1)删除自画线时,先点击画线工具对话框中的图标,再点击自画线。

(2)点击画线工具对话框中的图标可删除全部自画线。

9. 视图组合。在 K 线图界面,点击鼠标右键,选择“视图组合”,如图 2-29。

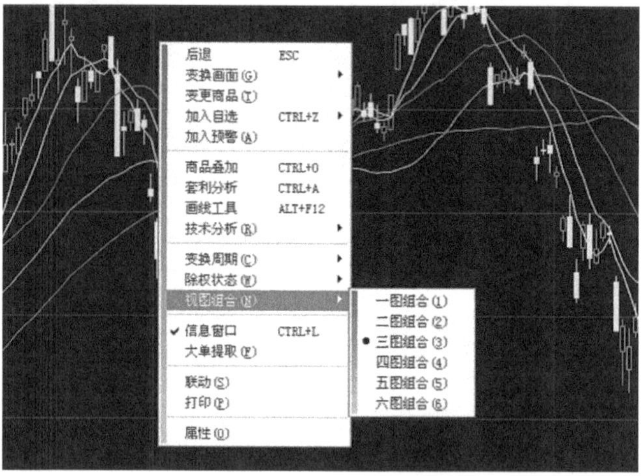

图 2-29 “视图组合”功能

10. 坐标。

(1)更改主图坐标。在K线图界面点击鼠标右键,选择"技术分析",再选择"主图坐标",如图2-30。

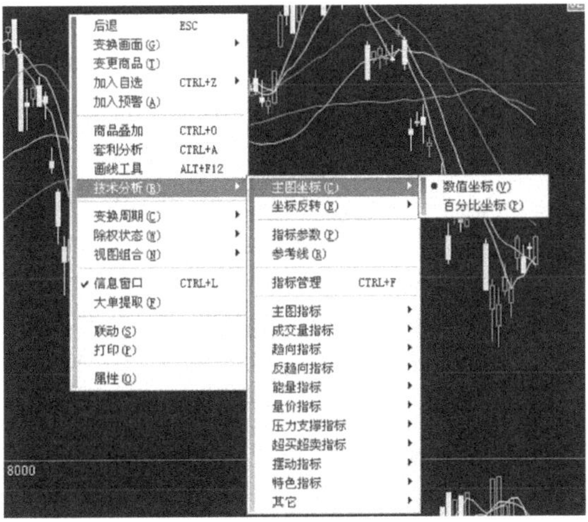

图2-30 "主图坐标"功能

(2)坐标反转。在K线图界面,点击鼠标右键,选择"技术分析",再选择"坐标反转",如图2-31。

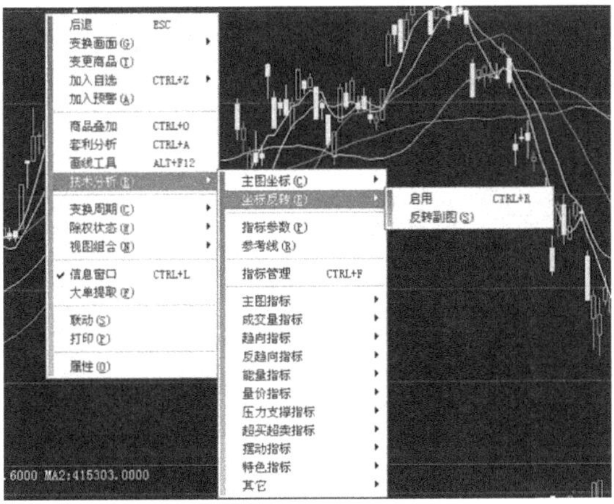

图2-31 "坐标反转"功能

11. 区间统计。K 线图界面增加了区间统计功能。具体操作方法如下：

(1)按住鼠标左键在 K 线图拉出选中框，会出现“区间放大”“区间统计”选项，如图 2-32。

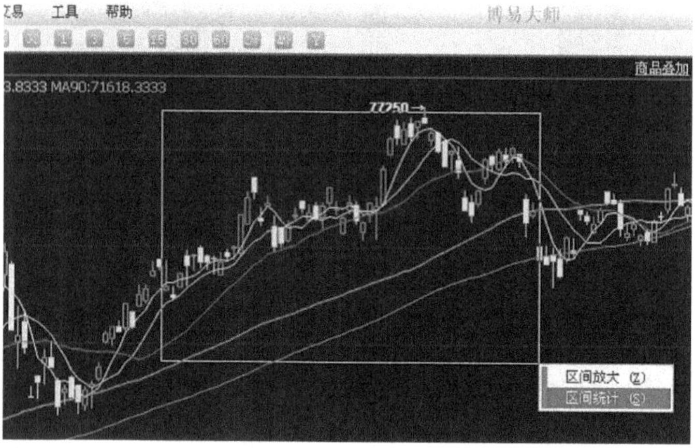

图 2-32　“区间统计”功能

(2)选择“区间统计”选项，统计后的界面如图 2-33。

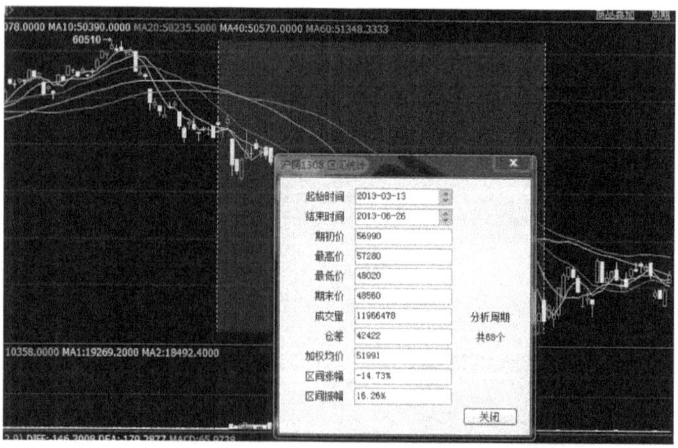

图 2-33　区间统计界面

(七)新闻界面

1. 调出新闻界面。点击工具栏中的新闻图标或直接敲击键盘F9快捷键即可调出新闻界面,如图2-34。

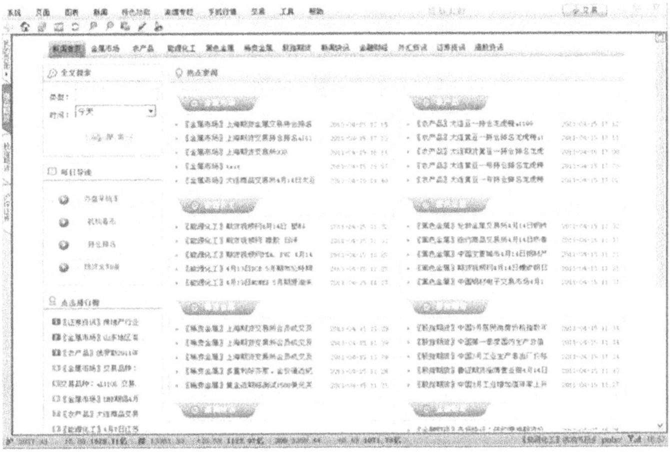

图2-34 新闻界面

2. 查看新闻。新闻界面采用网页格式,可像浏览网页一样查看新闻,上方显示新闻类型,下方显示此类型后新闻列表。

3. 搜索新闻。在新闻界面左上角,可按照新闻类型来搜索当天、近一周和近一个月的新闻。

(八)退出系统

方式1:点击菜单中的“系统”,选择“退出系统”。

方式2:直接点击右上角的关闭按钮。

实训要求

1. 下载安装行情软件,运行行情系统,正确使用行情软件功能。

2. 写出完整的实训报告。

实训三　期货行情看盘及信息搜集

实训目的

掌握期货基本术语，能进行期货行情看盘；能搜集国内外期货即时行情及历史信息；能搜集影响期货价格的相关资讯，会收藏期货网站并通过网站了解期货信息。

实训内容

1. 进行期货行情看盘。
2. 搜集国内外期货行情信息。
3. 搜集影响期货价格的相关资讯，期货网站的使用及收藏。

知识链接

一、期货基本术语

1. 头寸：一种市场约定，即未进行对冲处理的买或卖期货合约数量。对买进者，称处于多头头寸；对卖出者，称处于空头头寸。

2. 买空与卖空：看涨价格并买入期货合约称为买空；看跌价格并卖出期货合约称为卖空。

3. 期货贴水与期货升水：在某一特定地点和特定时间内，某一特定商品的期货价格高于现货价格称为期货升水；相反，期货价格低于现货价格称为期货贴水。

4. 正向市场与反向市场：在正常情况下，期货价格高于现货价格称为正向市场；在特殊情况下，期货价格低于现货价格称为反向市场。

5. 持仓:交易者手中持有期货合约称为持仓。

6. 斩仓:在交易中,所持头寸与价格走势相反,为防止亏损过多而采取的平仓措施称为斩仓。

7. 牛市与熊市:处于价格上涨期间的市场称为牛市;处于价格下跌期间的市场称为熊市。

8. 开仓:期货交易者买入或者卖出期货合约的行为称为开仓。

9. 平仓:期货交易者买入或者卖出与其所持期货合约的品种、数量及交割月份相同但交易方向相反的期货合约,了结期货交易的行为称为平仓。

10. 成交量:某一合约在当日交易期间所有成交合约的双边数量称为成交量。

11. 持仓量:期货交易者所持有的未平仓合约的双边数量称为持仓量。

12. 持仓限额:期货交易所对期货交易者的持仓量规定的最高数额称为持仓限额。

13. 撮合成交:期货交易所的计算机交易系统对交易双方的交易指令进行配对的过程称为撮合成交。

14. 期货合约的交易价格:期货合约的交割标准品在基准交割仓库交货的含增值税价格称为期货合约的交易价格。

15. 当日结算价:某一期货合约当日成交价格按照成交量加权计算后的平均价称为当日结算价。当日无成交价格的,以上一交易日的结算价作为当日结算价。

16. 强制减仓:交易所将当日以涨、跌停板价申报的未成交平仓报单,以当日涨、跌停板价与该合约净持仓盈利客户(或非经纪会员,下同)按持仓比例自动撮合成交称为强制减仓。

17. 合约单位净持仓盈亏:客户该合约的单位净持仓按其净持仓方向的持仓均价与当日结算价之差计算的盈亏称为合约单位净持仓盈亏。

18. 保证金:交易者按照规定标准交纳的资金称为保证金,用于结算和保证履约。

19. 结算：根据交易结果和交易所有关规定对会员交易保证金、盈亏、手续费、交割货款及其他有关款项进行计算、划拨的业务活动称为结算。

20. 交易保证金：会员在交易所专用结算账户中确保合约履行的资金称为交易保证金，是已被合约占用的保证金。当买卖双方成交后，交易所按持仓合约价值的一定比率收取交易保证金。

21. 追加保证金：当客户的保证金少于一定数量时，经纪公司要求客户补足称为追加保证金。

22. 浮动盈亏：未平仓头寸按当日结算价计算的未实现盈利或亏损称为浮动盈亏。

23. 风险准备金：由交易所设立，用于为维护期货市场正常运转提供财务担保和弥补因交易所不可预见风险带来亏损的资金称为风险准备金。

24. 当日盈亏：期货合约以当日结算价计算的盈利和亏损称为当日盈亏，当日盈利划入会员结算准备金，当日亏损从会员结算准备金中扣划。

25. 交割差价：最后交易日结算时，交易所对会员该交割月份持仓按交割结算价进行结算处理，产生的盈亏称为交割差价。

26. 实物交割：期货合约到期时，根据交易所的规则和程序，交易双方通过该期货合约所载商品所有权的转移，了结未平仓合约的过程称为实物交割。

二、期货行情看盘

(一)主要期货价格

在期货行情分析中，主要期货价格包括：开盘价、收盘价、最高价、最低价、结算价。

开盘价是指某一期货合约开市前 5 分钟内经集合竞价产生的成交价格。集合竞价未产生成交价格的，以集合竞价后第一笔成交价为开盘价。表 3-1 第 2 列是开盘价，其中 m1309 期货合约的开盘价是 3240 元/吨。

表 3-1　2013 年 5 月 9 日大连商品交易所期货延时行情收市报价

合约	开盘价	最高价	最低价	最新价	涨跌	买价	买量	卖价	卖量	成交量	持仓量	收盘价	结算价	昨收盘	昨结算
m1305	3729	3730	3729	3730	12	3700	50	3729	50	144	11256	3730	3729	3718	3718
m1307	3478	3493	3466	3480	6	3477	1	3480	47	750	3642	3480	3480	3476	3474
m1308	3377	3386	3377	3384	7	3376	1	3385	1	8	580	3384	3381	3391	3377
m1309	3240	3247	3230	3246	11	3244	192	3246	397	1053548	1693570	3246	3239	3243	3235
m1311	3173	3178	3170	3174	-2	3169	3	3185	5	10	654	3174	3173	3182	3176
m1312	3077	3114	3077	3100	-6	3096	1	3112	1	38	306	3100	3094	3115	3106
m1401	3030	3039	3019	3034	-2	3034	51	3035	166	366844	766842	3034	3027	3042	3036
m1403	3042	3043	3028	3036	-11	3033	1	3045	5	44	482	3036	3036	3050	3047

收盘价是指某一期货合约当日交易的最后一笔成交价格。表 3-1 第 13 列是期货行情收市报价，其中 m1309 期货合约的收盘价是 3246 元/吨。

最高价是指一定时间内某一期货合约成交价中的最高成交价格。表 3-1 第 3 列是交易当天达到的最高价，其中 m1309 期货合约的最高价是 3247 元/吨。

最低价是指一定时间内某一期货合约成交价中的最低成交价格。表 3-1 第 4 列是交易当天达到的最低价，其中 m1309 期货合约的最低价是 3230 元/吨。当天成交价格在 3230 元/吨至 3247 元/吨的区间内波动。

最新价是指某一期货合约在当日交易期间的即时成交价格。

涨跌是指某一期货合约在当日交易期间的最新价与上一交易日结算价之差。表 3-1 第 6 列为涨跌幅度，其中 m1309 期货合约的最新价（3246 元/吨）和上一交易日结算价（3235 元/吨）的差是 11 元/吨。

当日结算价是指某一期货合约当日成交价格按照成交量加权计

算后的平均价。当日无成交价格的，以上一交易日的结算价作为当日结算价。表 3-1 第 14 列数据是当日结算价格，第 15 列数据是上一个交易日的结算价格，其中 m1309 期货合约的当日结算价格是 3239 元/吨，上一交易日的结算价格是 3235 元/吨。

（二）期货价格的图示法

表述期货价格走势的主要图示方法有闪电图和分时图、K 线图和竹线图。闪电图和分时图通常在日内交易时使用；K 线图和竹线图适用于较长时间段。

1. 闪电图与分时图。闪电图（Tick 图）是指将每一个期货成交价都在坐标图中标出的图示方式。分时图是在图中按时间等分，将每分钟的最新价格标出的图示方法，它随着时间延续就会出现一条弯弯曲曲的曲线。

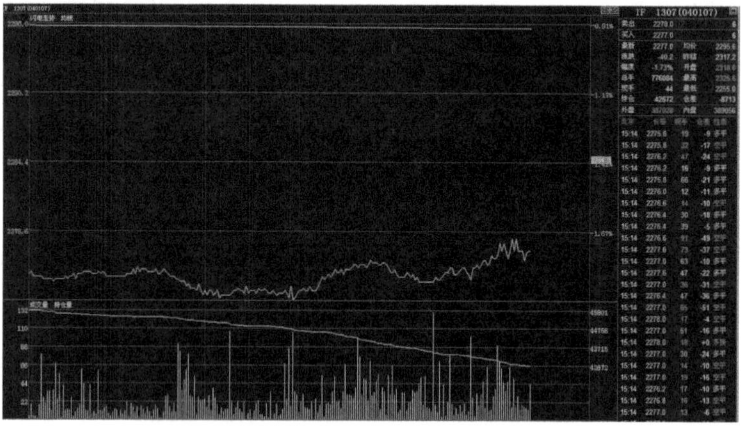

图 3-1 中国金融期货交易所合约日内闪电图

图 3-2 大连商品交易所合约日内分时图

图 3-2 中上框内较粗的就是价格，较细的是当日即时均价；下框内竖直线为交易量，曲线为即时持仓量。

闪电图和分时图的好处是过程清晰，但其缺点是不适用于较长时间的分析。因而，这两种图通常只是在日内交易时使用。如果分析的时间段长一些，通常采用 K 线图或竹线图。

2. K 线图和竹线图。K 线图形似蜡烛，又称蜡烛图。在 K 线图中，每根“蜡烛”代表一个规定的时间段，这个时间段可以是 5 分钟、60 分钟、一天、一周、一月甚至是一年。如果是一天，则称为日 K 线图；如果是一月，则称为月 K 线图。K 线图中，只保留该时间段内的 4 个价格，那就是开盘价、收盘价、最高价和最低价。

竹线图与 K 线图组成要素完全一样，其唯一差别是：最高价和最低价之间为一条竖线段，开盘价以位于竖线左侧的短横线表示，收盘价以位于竖线右侧的短横线表示。竹线图的另一种画法是不标出开盘价，也有人将此称作条形图。

三、交易量、持仓量与价格

(一)交易量

交易量是指一段时间(一般分5分钟、15分钟、30分钟、小时、日、周、月和年等)内买入的合约总数或卖出的合约总数。在每一交割月份合约中,全体买方买入的合约总数必然与全体卖方卖出的合约总数相等,因此,合约交易量的统计通常只计算其中一方成交的合约数。但在我国,不同期货交易所对合约交易量的统计有所差异,中国金融期货交易所采取单边计算,而其他三家期货交易所采取双边计算。

交易量水平可以反映市场价格运动的强烈程度。交易量越大,则反映出市场的强烈程度越高。一般可以通过分析价格变化与交易量变化的关系来验证价格运动的方向,即价格变动是沿原来趋势还是反转,或力度减弱等。如果在价格上升时交易量上升,则说明在价格上升时大量交易者跟市买入;如果在交易量下跌时价格亦下跌,则表明在价格下降时跟市卖出者很少。这两种情况均表明市场处于技术性强市。相反,如果量价分离,即一升一降,则表明市场处于技术性弱市。因为价格上升时交易量下降,说明市场交易者不愿意跟市买入;在价格下跌时交易量上升,说明市场交易量大多看空市场,跟市卖出者较多。交易量经常被用于价格形态分析。

交易量分析在期货市场与股票市场有所不同。究竟应该采用某个合约的交易量还是采用所有合约交易量的总额作为验证指标目前尚有争议。所有期货合约都有到期日,这一点与股票是不同的。从期货合约上市至到期,成交量逐渐增加然后逐渐减小是正常的变动趋势,因此可以将所有合约交易量的总额作为分析指标。但是,当同一种商品的不同合约中,有些收市价格有所上升,而另外一些反而有所下降的时候,交易量总额也存在较大的问题。

(二)持仓量

持仓量又称未平仓合约数量,是指到某日收市时为止,没有对冲了结的合约量。一份合约必须既有买家又有卖家,因而多头未平仓合约数与空头未平仓合约数相等。

1.市场持仓结构分析。市场持仓结构及其变化通常会受到投资者的特别关注。持仓结构分为报告持仓和非报告持仓,报告持仓又分为非商业持仓和商业持仓。非商业持仓主要是指基金等大机构的投机仓位,商业持仓主要是指套期保值的套保仓位。非报告持仓主要体现散户投机力量。一般认为,基金是期货市场价格行情的推动力量,其净多、净空的变化对期货价格变化有很大的影响。因而,期货市场非常重视美国商品期货交易委员会的持仓报告,不少分析人员将其作为影响行情的重要因素来看待。

表 3-2 2013 年 7 月 12 日 IF1307 结算会员成交持仓排名

成交量排名				持买单量排名				持卖单量排名			
名次	会员简称	成交量	比上一交易日增减	名次	会员简称	持买单量	比上一交易日增减	名次	会员简称	持卖单量	比上一交易日增减
1	兴业期货	149128	−84249	1	国泰君安	6066	635	1	中证期货	4016	−2169
2	华泰长城	119949	−60966	2	广发期货	2502	−945	2	华泰长城	3844	−1492
3	海通期货	116336	−47187	3	光大期货	2261	−839	3	国金期货	2848	749
4	国泰君安	101336	−72418	4	华泰长城	1950	−871	4	广发期货	2362	−530
5	广发期货	90459	−62499	5	海通期货	1898	−534	5	国泰君安	2291	−1165
6	光大期货	73804	−44193	6	鲁证期货	1843	−511	6	海通期货	2133	−548

续　表

成交量排名				持买单量排名				持卖单量排名			
名次	会员简称	成交量	比上一交易日增减	名次	会员简称	持买单量	比上一交易日增减	名次	会员简称	持卖单量	比上一交易日增减
7	南华期货	59091	—20584	7	中粮期货	1828	—432	7	南华期货	1871	—221
8	鲁证期货	53653	—16410	8	中证期货	1814	200	8	光大期货	1833	607
9	申银万国	50389	—32099	9	南华期货	1578	—310	9	银河期货	1552	—122
10	中证期货	49763	—26954	10	银河期货	1336	101	10	上海东证	1317	744
11	银河期货	42097	—21185	11	永安期货	1298	—187	11	中粮期货	1114	—103
12	上海东证	38887	—16787	12	中信建投	1239	567	12	国信期货	1091	152
13	浙商期货	33470	—20295	13	申银万国	1182	—148	13	兴业期货	1030	212
14	永安期货	29974	—29469	14	招商期货	1067	—209	14	申银万国	988	—385
15	招商期货	27910	—10253	15	锦泰期货	933	—11	15	鲁证期货	967	—314
16	渤海期货	24630	—7864	16	新世纪	918	450	16	浙商期货	839	331
17	宏源期货	23856	—13441	17	安信期货	656	43	17	中信建投	801	—257
18	信达期货	23722	—10539	18	宏源期货	583	—67	18	金瑞期货	784	—55
19	经易期货	22754	—11922	19	浙商期货	578	—75	19	国元期货	666	—78
20	中投天琪	20864	—4852	20	中国国际	539	—85	20	中国国际	631	4
合计		1152072	—614166			32069	—3228			32978	—4640

2.交易量与持仓量的关系。交易量和持仓量的变化可以反映合约交易的活跃程度和投资者的预期。交易量和持仓量的变动有以下关系:第一,只有当新的买入者和卖出者同时入市时,持仓量才会增加,同时交易量增加。第二,当买卖双方有一方做平仓交易(即换手)时,持仓量不变,但交易量增加。第三,当买卖双方均为原交易者,双方均为平仓时,持仓量下降,交易量增加。(见表 3-3)

表 3-3 多空交易行为与持仓量关系表

	买 方	卖 方	持仓量的变化
1	多头开仓	空头开仓	增加(双开仓)
2	多头开仓	多头平仓	不变(多头换手)
3	空头平仓	空头开仓	不变(空头换手)
4	空头平仓	多头平仓	减少(双平仓)

如表 3-3 所示,如果买卖(多空)双方均建立了新的头寸,则持仓量增加。如果双方均是平仓了结原有头寸,则持仓量减少。如果一方开立新的交易头寸,而另一方平仓了结原有交易头寸,则持仓量维持不变,这包括多头换手和空头换手两种情况。通过分析持仓量的变化,可以知道资金是流入市场还是流出市场。

(三)交易量、持仓量与价格的关系

交易量、持仓量与价格走势的关系较为复杂,一般认为,如果交易量和持仓量均增加,则当前价格趋势很可能按照现有方向继续发展(无论是上涨还是下跌);如果交易量和持仓量都减少,则当前价格趋势或许即将终结(见表 3-4)。

表 3-4 交易量、持仓量与价格关系表

价格	交易量	持仓量	市场
上涨	增加	增加	坚挺
上涨	减少	减少	疲弱
下跌	增加	增加	疲弱
下跌	减少	减少	坚挺

三者的具体关系如下：

第一，交易量和持仓量随价格上升而增加。在交易量、持仓量增加的同时，如果价格也出现上涨，这种价格的上涨通常能够得以持续。因为交易量上升，说明目前位置交投活跃；持仓量上升，说明多空双方均增加入场头寸。这时的价格如果向着多头方向，那么之后它很可能在多头继续加仓和空头止损的影响下继续向上运行。

第二，交易量和持仓量增加而价格下跌。在交易量、持仓量增加的同时，价格如果出现下降，这种下跌通常能够得以持续，并有可能出现下跌的情况。因为，交易量上升，说明目前位置交投活跃；持仓量上升，说明多空双方均增加入场头寸。这时的价格如果向着空头方向运行，那么之后很可能在空头继续加仓和多头止损的影响下继续向下运行。同时由于商品价格存在自由落体的特性，价格的下跌很可能还会出现加速的情况。

第三，交易量和持仓量随价格下降而减少。交易量、持仓量减少的同时价格下降，这种情况不需要过多分析，因为在此情况下，价格失去支撑，出现下降比较正常。但这种走势通常有两种可能：一种是价格出现快速下行，之后企稳并以相对较低的价格震荡整理；另一种可能就是直接在目前相对较低的位置进行震荡整理。而新的趋势，则需要交易量和持仓量出现增长后才会出现。

第四，交易量和持仓量减少而价格上升。交易量、持仓量减少的同时，价格上升的持续性已经不值得继续期待了。这个道理不难理解，因为在此情况下，不仅双方均在平仓，而且交投趋于平淡，这种情况最常出现在一轮多头行情的末期，或是在某个合约从主力合约变为非主力合约之后。具体是哪种可能，应根据持仓量的值是否处于该品种的正常范围进行判断。

从以上交易量、持仓量和价格之间的变化关系，我们不难看出，价格的变化一定要有足够的交易量和持仓量来支撑，否则就难以持续。在一般情况下，如果成交量、未平仓量与价格同向，其价格趋势可继续维持一段时间；如两者与价格反向，价格走势可能转向。当然，这还需结合不同的价格形态作进一步的具体分析。

图 3-3 豆一 1401 合约多空交易行为与持仓量关系，交易量、持仓量与价格关系图（交易日期：2013 年 7 月 12 日）

四、期货行情信息搜集

通过期货行情软件、期货交易所网站及期货专业网站搜集期货行情信息是最方便、最快捷的方法。每家期货公司都有期货行情软件下载的链接，我们在实训二中已经完成实训任务。除此之外，我们还可以进入各大期货交易所网站、财经门户网站、期货专业网站浏览行情信息，或通过广播电视财经节目及财经报纸、杂志等获取行情信息。如图 3-4 至图 3-8 分别是来自行情软件、期货交易所、财经网站的行情信息。

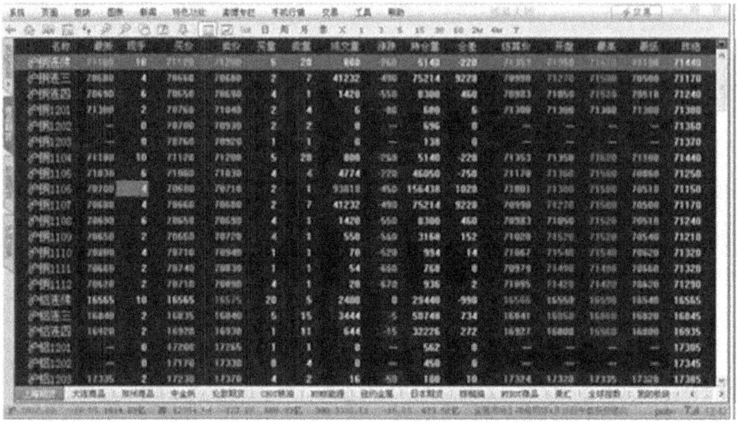

图 3-4　博易大师行情信息

市场概要　2013-05-03

品种	持仓量及变化（手）	成交量（手）	成交金额（元）
铜合约交易小计	779772-14884	1427834	360787792600
铝合约交易小计	234056-468	36730	2663466600
锌合约交易小计	344440+23248	205286	14815300700
铅合约交易小计	6128+72	592	204146250
黄金合约交易小计	112982-3268	77812	22906440100
白银合约交易小计	236048+15508	423316	30913230630
螺纹钢合约交易小计	1541478+27104	3417272	122312838580
线材合约交易小计	40+6	62	2276880
燃料油交易小计	16+0	0	0
天然橡胶交易小计	192892-3062	433264	84562073900
总　计	3447852+44256	6022168	639167566240
备　注	持仓量、成交量和成交金额均为双向统计		

图 3-5　上海期货交易所行情信息

⊙ 您当前的位置：首页/交易数据/汇总行情(使用声明)

延时行情 （延时三十分钟）							2013-05-03 15:43:34			【市场概要】		
合约名	最新价	张跌	持仓量	成交量	成交金额	买卖价	昨结算	开盘	最低	最高	现手	
ag1305	4825	88	5588	860	61847520	4830/4848	4737	4755	4734	4836		【走势图】
ag1306	4854	132	119630	232054	16751092770	4854/4855	4722	4760	4749	4856		【走势图】
ag1307	4864	119	842	228	16492200	4867/4880	4745	4777	4777	4864		【走势图】
ag1308	4877	108	352	120	8723400	4853/4906	4769	4809	4807	4879		【走势图】
ag1309	4909	118	4512	2048	149356200	4904/4910	4791	4810	4807	4909		【走势图】
ag1310	4901	86	286	166	12137760	4928/4979	4815	4760	4759	4920		【走势图】
ag1311	4899	82	60	8	587880	4923/4989	4817	4899	4899	4899		【走势图】
ag1312	4985	141	102922	187570	13893412860	4980/4985	4844	4887	4860	4988		【走势图】
ag1401	5000	135	88	46	3434100	4885/5066	4865	4905	4905	5000		【走势图】
ag1402	5002	98	78	82	6138750	4866/5088	4904	4976	4945	5041		【走势图】
ag1403	5056	137	1544	118	8800320	4978/5100	4919	4961	4955	5056		【走势图】
ag1404	5039	88	146	16	1206870	5027/5063	4951	5003	5003	5039		【走势图】
al1305	14500	70	26970	4570	330230750	14480/14500	14430	14440	14400	14500		【走势图】
al1306	14515	70	55316	4750	343856650	14490/14515	14445	14415	14415	14515		【走势图】
al1307	14535	75	53004	8032	582583800	14510/14535	14460	14470	14450	14545		【走势图】
al1308	14550	105	59446	12930	938498900	14540/14560	14445	14480	14460	14560		【走势图】
al1309	14560	100	25064	5846	424534450	14555/14560	14460	14490	14465	14575		【走势图】
al1310	14560	105	7848	464	33714450	14560/14580	14455	14480	14470	14575		【走势图】
al1311	14575	105	5618	52	3771900	14545/14625	14470	14510	14470	14580		【走势图】
al1312	14630	125	484	24	1754700	14510/14640	14505	14580	14565	14700		【走势图】

图 3-6　期货交易所行情信息

上海期货交易所指定交割仓库库存周报

日期：2013年5月3日　　　　2013年第17期(总第7

交割商品：铜　　　　单位：吨

地区	仓库	上周库存		本周库存		库存增减		可用库容量	
		小计	期货	小计	期货	小计	期货	上周	本周
上海	期晟公司	33617	26271	34535	25972	918	-299	33729	34028
	国储天威	964	800	1159	800	195	0	113353	113353
	国储外高桥	0	0	0	0	0	0	20000	20000
	中储吴淞	55350	15632	55186	14982	-164	-650	96220	98598
	上港物流	14576	100	12833	100	-1743	0	120386	119477
	上海裕强	0	0	0	0	0	0	15000	15000
	中储大场	29143	623	29143	623	0	0	69317	69011
	同盛芦潮	0	0	0	0	0	0	60000	60000
	同盛洋山(保税)	30000	747	30000	747	0	0	29253	29253
	中储临港(保税)	23039	75	22037	75	-1002	0	29925	29925
	合　计	186689	44248	184893	43299	-1796	-949	587183	588645
广东	830黄浦	12831	2783	11229	2383	-1602	-400	27217	27617
江苏	中储无锡	16733	16733	16733	16733	0	0	3267	3267
	无锡国联	0	0	0	0	0	0	20000	20000
	合　计	16733	16733	16733	16733	0	0	23267	23267
浙江	国储837处	727	727	727	727	0	0	19273	19273
	宁波九龙仓	200	200	200	200	0	0	19800	19800
	合　计	927	927	927	927	0	0	39073	39073
保税总计		53039	822	52037	822	-1002	0	59178	59178
完税总计		164141	63869	161745	62520	-2396	-1349	617562	619424
总　计		217180	64691	213782	63342	-3398	-1349	676740	678602

图 3-7　上海期货交易所指定交割仓库库存周报

行情中心首页 > 期货 > 国际期货　　查看最新　收藏本页

序号	代码	名称	最新价	涨跌额	涨跌幅	今开	最高	最低	昨结	成交量(手)	买量(手)	卖量(手)	持仓(手)
1	CCNC	美可可指	2424	5	0.21%	2408	2442	2408	2419	21113	2273	0	201402
2	CFNC	美咖啡指	142.40	1.55	1.10%	140.05	143.15	139.55	140.85	22215	7229	0	153827
3	CONC	原油指数	95.61	1.62	1.72%	93.99	96.04	93.56	93.99	271298	84821	0	285835
4	CONM	美原油06	95.61	1.62	1.72%	93.99	96.04	93.56	93.99	271298	84821	0	285835
5	CRCC	美玉米指	605.8	-3.8	-0.62%	608.4	611.6	603.4	609.6	160924	76232	0	1065810
6	CRCN	美玉米07	661.2	-0.8	-0.12%	660.4	667.0	657.6	662.0	73438	34345	0	457992
7	CTNC	美棉指数	85.93	0.65	0.76%	85.15	86.49	85.15	85.28	14098	6306	0	166490
8	CTNN	美棉花07	86.43	0.75	0.88%	85.54	86.98	85.51	85.68	11156	4641	0	111471
9	GLNC	美黄金	1464.2	-3.4	-0.23%	1466.2	1487.2	1455.4	1467.6	162712	20711	0	248523
10	GLNM	美黄金06	1464.2	-3.4	-0.23%	1466.2	1487.2	1455.4	1467.6	162712	20711	0	248523
11	HONC	燃油指数	2.89	0.03	1.05%	2.86	2.91	2.85	2.86	100310	47352	0	296914
12	HONK	美燃油05	2.89	0.03	1.05%	2.89	2.89	2.89	2.86	31	15	16	1852
13	LALS	LmeS_铝3	1889.8	68.3	3.75%	1824.0	1889.8	1823.0	1821.5	21460	1066	0	725641
14	LCPS	LmeS_铜3	7290.0	432.0	6.30%	6900.0	7305.8	6877.0	6858.0	44642	3536	0	285778
15	LLDS	LmeS_铅3	2047.8	100.6	5.17%	1952.0	2048.0	1950.2	1947.2	6362	590	0	113362
16	LNKS	LmeS_镍3	15169.0	429.0	2.91%	14800.0	15210.0	14770.0	14740.0	4454	263	0	115447
17	LTNS	LmeS_锡3	20325.0	670.0	3.41%	19840.0	20450.0	19700.0	19655.0	521	12	0	21440
18	LZNS	LmeS_锌3	1889.5	60.5	3.31%	1829.0	1894.0	1827.2	1829.0	18104	423	0	258901

图 3-8　东方财富网国际期货行情信息

五、影响期货价格的相关信息的搜集

搜集该类信息的原则是“抓大放小”，减少零散信息的干扰，抽取影响价格的主导因素。分析的步骤如下：(1)搜集市场信息并整理，选取与商品有关的、真实的信息；(2)依产业链对信息分类，梳理价格传导逻辑关系，找到关键因素；(3)准确评估关键因素，进行横向和纵向比较分析；(4)不断修正关键因素对市场影响程度的估计。

(一)影响期货价格的相关信息

1. 商品的供求状况。商品的供给量由期初库存量、本期产量和本期进口量三部分构成。商品市场的需求量通常由国内消费量、出口量和期末商品结存量三部分构成。库存是影响商品价格的根本原因，是供求关系的重要显性指标。期末库存＝期初库存＋当期产量－当期消费＋当期进口量－当期出口量。

2. 宏观经济状况。宏观经济状况的影响主要体现在经济的周期性方面，经济周期、GDP增长率、物价、利率变化等对经济走势会产生一定程度的影响，从而影响一些商品原有的供需关系，使价格发生变化。

3. 政策因素。期货市场价格对相关政策的变化十分敏感，如各种国际性经贸组织的建立及有关商品协议的达成、政府对经济干预所采取的各种政策和措施等，以及政府的农业政策、贸易政策、食品政策、储备政策等。

4. 金融货币因素。商品期货交易与金融货币市场有着紧密的联系。利率的高低、汇率的变动都直接影响商品期货价格。利率调整是政府紧缩或扩张经济的宏观调控手段。利率的变化对金融衍生品交易影响较大，而对商品期货的影响较小。期货市场是一种开放性市场，期货价格与国际市场商品价格紧密相连。汇率的高低变化必然影响相应的期货价格变化。

5. 政治因素及突发事件。期货市场价格对国际、国内政治气候及相关政策的变化十分敏感。政治因素主要指国际、国内政治局势，以及国际性政治事件的爆发或国际关系的变化，例如政变、内战、罢工、大选、战争、冲突等。政治因素对期货市场有很大的影响，会导致期货价格的剧烈波动，有时可能直接决定某种商品期货在一定时期的价格走势。

6. 季节性因素和自然因素。(1)季节性因素的影响。农产品特别明显，因为农产品的供应都是每年同一时期集中上市，而需求则是分散的。(2)自然因素的影响。自然因素主要是气候条件、地理变化和自然灾害等，包括洪水、干旱等。农产品最易受此影响。

7. 投机行为。当期货价格上涨时，投机者买进合约，市场需求增多，期价进一步上涨；当期货价格下降时，投资者卖出合约，当价格下降时再补进平仓获利，而大量投机性的抛售，又会促使期货价格进一步下跌。当市场信心足时，价格上涨可能性大；反之，价格下降可能性大。

(二)主要的信息渠道

提供信息的渠道主要有重要的财经门户网站,期货专业咨询机构、研究机构,重要期货论坛、微博、微信,广播电视财经栏目,财经报纸杂志等。以网站为例,重要网址如下:

1. 期货监管机构、期货行业协会。

中国证监会:http://www.csrc.gov.cn。

中国证券业协会:http://www.sac.net.cn。

香港地区证监会:http://www.hksfc.org.hk。

台湾地区证监会:http://www.sfe.gov.tw。

美国全国期货协会(NFA):http://www.nfa.futures.org。

美国商品期货交易货员会(CFTC):http://www.cftc.gov。

美国期货业协会(FIA):http://www.futuresindustry.org。

英国金融服务局:http://www.fsa.gov.uk。

美国农业部:http://www.usda.gov。

联合国粮农组织:http://www.fao.org。

美国谷物协会:http://www.grains.org。

美国大豆协会:http://www.unitedsoybean.org。

中国期货保证金监控中心:http://www.cfmmc.com。

上海期货交易所:http://www.shfe.com.cn。

郑州商品交易所:http://www.czce.com.cn。

大连商品交易所:http://www.dce.com.cn。

中国金融期货交易所:http://www.cffex.com.cn。

上海证券交易所:http://www.sse.com.cn。

深圳证券交易所:http://www.szse.cn。

芝加哥商业交易所:http://www.cme.com。

芝加哥期货交易所:http://www.cbot.com。

芝加哥期权交易所:http://www.cboe.com。

纽约商业交易所：http://www.nymex.com。

纽约证券交易所：http://www.nyse.com。

欧洲期货交易所：http://www.eurexchange.com。

香港期货交易所：http://www.hkfe.com.hk。

台湾期货交易所：http://www.taifex.com.tw。

伦敦金属交易所：http://www.lme.co.uk。

德国期货交易所：http://deutsche-boerse.com。

法国期货期权交易所：http://www.matif.fr。

东京谷物交易所：http://www.tge.og.jp。

东京工业品交易所：http://www.tocom.or.jp。

东京财政期货交易所：http://www.tiffe.or.jp。

中美洲商品交易所：http://www.midam.com。

新加坡金融交易所：http://www.simex.com.sg。

新加坡商品交易所：http://www.sicom.sg。

2.现货信息网。

农产品网站	金属产品网站	能源化工产品网站	金融产品网站
中国大豆网	上海有色金属网	中国石油与化学工业协会	中国债券信息网
中华粮网	中国铜网	中国氯碱工业协会（中国氯碱网）	上海证券报
中国饲料在线	大宗商品网	中国煤炭资源网	证券时报
亚洲橡胶网	中国冶金网	中华塑料网	中国证券报
中国实用油信息网	中华有色商务网	百为PVC市场网	天天基金网
中国玉米网	中铝网	东北亚煤炭交易中心	证券之星
中国食糖网	中国金属网	中国焦化网	中证网
中国棉花网	中国黄金信息网	中国石油与化工网信息中心	中国证券网

农产品网站	金属产品网站	能源化工产品网站	金融产品网站
中国植物油行业协会	上海金属网	中化新网	中国货币网
中农网	上海黄金交易所	中国塑料加工工业协会	中国外汇网
国粮网	中国有色金属信息网	中国石油网	环球外汇
中国橡胶网	长江有色金属网	世界石油网	中证债券
美国谷物协会		中国石油期货网中国石油与化工网	和讯债券
美国大豆协会		美国能源资源协会	全景网
联合国粮农组织			中国期权网
中国菜籽网			期权中国网

3.期货公司网站。

据中国期货业协会最新统计，截至2013年5月4日，全国共有期货公司198家，投资者可进入相关公司网站获取相关信息。2012年期货公司分类评价结果AA级和A级名单如下：

序号	期货公司名称	分类评价结果
1	中国国际期货有限公司	AA
2	浙江省永安期货经纪有限公司	AA
3	中证期货有限公司	AA
4	中粮期货有限公司	AA
5	广发期货有限公司	A
6	国泰君安期货有限公司	A
7	银河期货有限公司	A
8	南华期货有限公司	A

序号	期货公司名称	分类评价结果
9	海通期货有限公司	A
10	华泰长城期货有限公司	A
11	江苏弘业期货有限公司	A
12	浙商期货有限公司	A
13	光大期货有限公司	A
14	金瑞期货有限公司	A
15	鲁证期货有限公司	A
16	万达期货有限公司	A
17	申银万国期货有限公司	A
18	上海中期期货经纪有限公司	A
19	招商期货有限公司	A
20	浙江中大期货有限公司	A
21	国投中谷期货经纪有限公司	A
22	上海东证期货有限公司	A

4. 专业财经网站及财经专栏。包括新浪期货、和讯期货、东方财富网、金融界、新华财经、中国期货网、文华财经等。

5. 期货论坛、微博、微信等。包括易家期货论坛、和讯期货论坛、金融界期货论坛、中期论坛、期货中金论坛、炒客论坛、新浪财经论坛、中国国际期货微博、分析师微博圈等。

六、期货资讯网站的收藏

把搜索到的网址通过添加到收藏夹的形式进行收藏操作。这里不再详细解释。

实训要求

1.简述某一期货当日走势和最新行情。

2.选择一篇期货评论,标出其中的期货术语,解释其含义。

3.选择一个期货品种搜集其国内交易所当日交易排名行情信息。

4.选择几个期货品种,搜集其交易所库存信息情况,对比前后变化情况。

5.搜索重要的期货网址,完成一篇某一期货品种的行情分析评论。

6.进行期货网站收藏。

实训四　期货交易流程

实训目的

掌握期货交易运作程序;熟悉期货交易指令和下单系统;熟悉基本的期货实物交割流程;学会分析期货行情,并能进行期货的基本交易操作。

实训内容

1. 能独立完成期货模拟交易系统注册。
2. 进行期货的基本交易(开平仓)操作。
3. 理解期货实物交割的含义,掌握基本的期货实物交割流程。

知识链接

一个完整的期货交易流程应包括:开户与下单、竞价、结算和交割四个环节。由于在实际操作中,大多数期货交易都是通过对冲平仓的方式了结履约责任,进入交割环节的比重非常小,所以交割环节并不是交易流程中的必经环节。

一、开户与下单

参与期货交易的客户,需要与期货公司签署风险揭示书和期货经纪合同,并开立期货账户。下面以商品期货与股指期货自然人开户示意图为例进行说明(见图 4-1、图 4-2)。

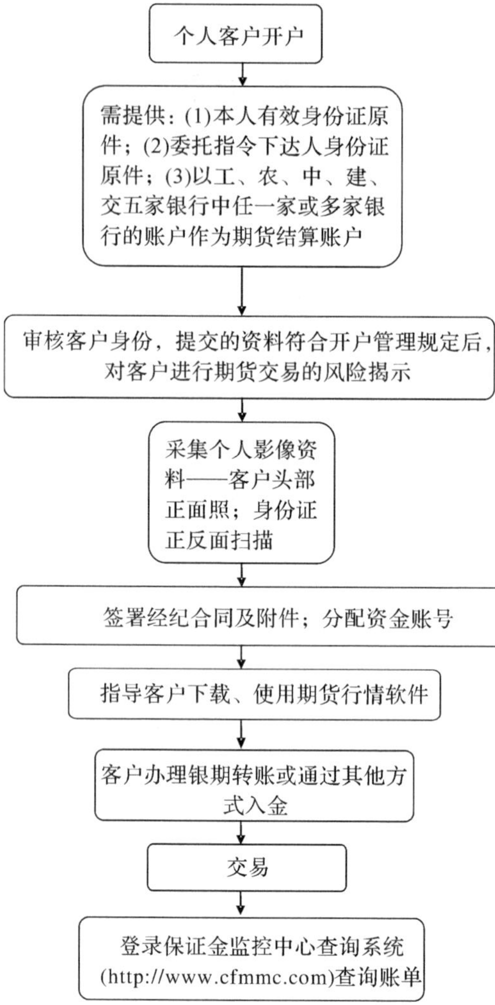

图 4-1　商品期货自然人开户示意图

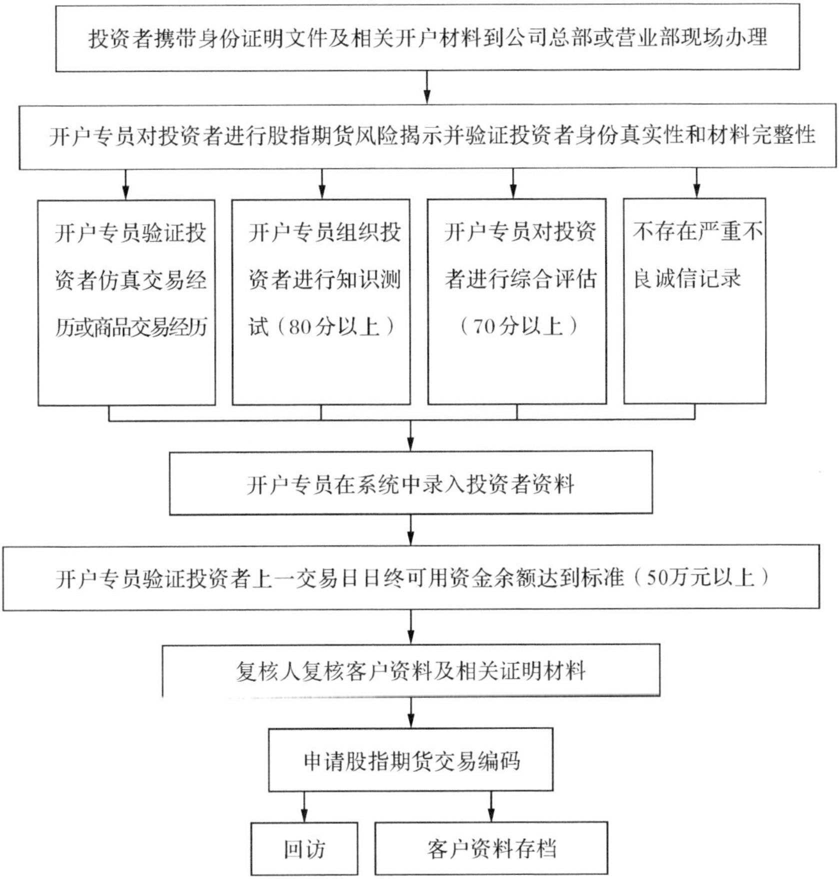

图 4-2 股指期货自然人开户示意图

期货交易的主要下单方式有如下几种：

1. 书面下单。客户亲自填写交易单，填好并签字后交给期货公司，再由期货公司将指令发至交易所参与交易。

2. 电话下单。客户通过电话直接将指令下达到期货公司，再由期货公司将指令发至交易所参与交易。期货公司须将客户的指令予以录音，以备查证。事后，客户应在交易单上补签姓名。

3.网上下单。客户通过因特网或局域网,使用期货公司配置的网上下单系统进行网上下单。进入下单系统后,客户需输入自己的客户号与密码,经确认后即可输入下单指令。下单指令通过因特网或局域网传到期货公司后,通过专线传到交易所主机进行撮合成交。客户可以在期货公司的下单系统获得成交反馈。

图 4-3 是客户下单示意图。

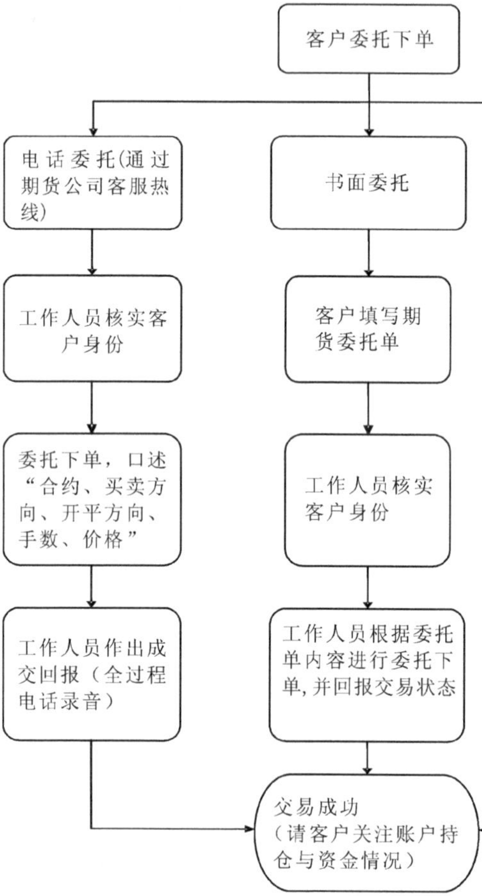

图 4-3　客户下单示意图

(一)博易大师交易系统

下面以博易大师交易系统为例演示网上下单过程。

1. 登录交易系统。

点击博易大师上部工具栏中的“闪电状”按钮(见图 4-4),此时,交易登录界面应该出现在博易大师的底部(见图 4-5)。

图 4-4　工具栏“闪电状”按钮

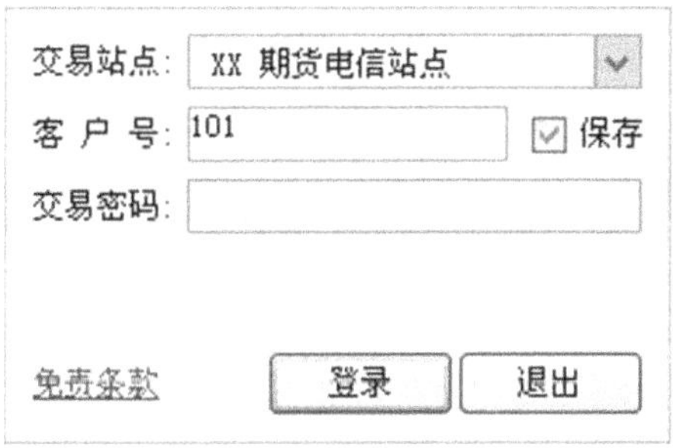

图 4-5　交易登录界面

输入交易客户号及交易密码,并点击“登录”按钮。还可以根据网络情况选择合适的交易服务器(电信或网通)。输入交易密码时,为防止恶意软件盗取密码,最好使用右侧的随机数字按钮。

点击“登录”按钮后,将陆续出现“客户信息”确认、“结算单”确认等提示窗口,一律按“确认”按钮。

2. 开仓。登录成功后,将出现图 4-6 所示的交易界面。

图 4-6　交易界面

开仓步骤如下:首先,在博易大师的报价图、走势图或技术分析图中,切换到关注的品种;其次,交易界面的"合约"将自动变为当前关注的品种,"买入"和"卖出"按钮顶部将出现对应的下单价格;最后,点击"买入"或"卖出"按钮即可下单;如有确认下单的提示框出现,点击"是"。

需要注意的是:

(1)下单前,可以修改"报价方式""价格"及"数量"。报价方式分为"限价"和"市价"。

(2)"限价"委托且价格为"当前价"时,如果买入则使用卖一价下单,卖出则使用买一价下单。

(3)"限价"委托时如需指定价格,需删除"当前价"字样并填入价格;如需恢复"当前价",删除填入的价格即可。

(4)如不希望出现确认下单的提示框,需勾选"一键下单"选项。

(5)点击"复位"按钮,交易界面将恢复为"开仓",数量恢复为该合约的默认手数,价格恢复为"限价""当前价"。

3.平仓。平仓的步骤如下:

(1)点选交易界面左侧列表的"交易"项(见图 4-7)。

图 4-7 “交易”项

(2)在持仓列表中,以鼠标左键双击需要平仓的合约(见图 4-8)。

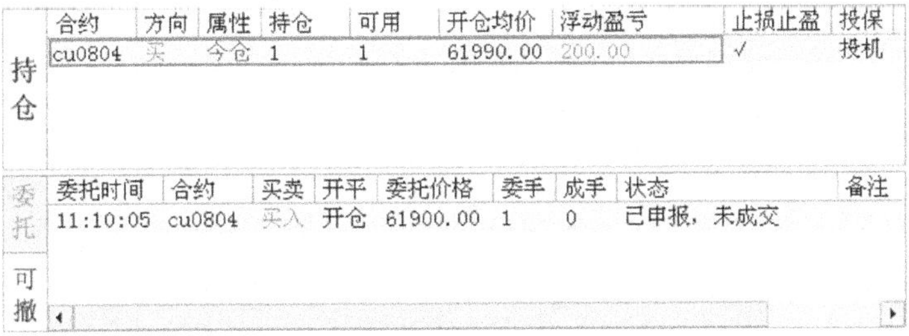

图 4-8 持仓列表

(3)此时交易界面将自动填入“合约”“平仓”(或“平今”)及“数量”,并且鼠标将自动定位至“买入”或“卖出”按钮上(见图 4-9)。

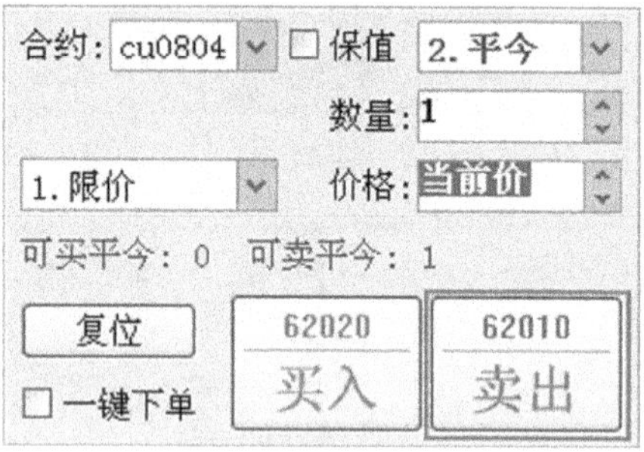

图 4-9 平仓交易界面

(4)鼠标自动定位至相应按钮后,直接点击鼠标左键下单。

(5)如有确认下单的提示框出现,点击"是"。

需要注意的是:

(1)通过双击持仓列表来平仓最为快速,因此无须手工选择"平仓"或"平今"。

(2)下单前,可以修改"报价方式""价格"及"数量"。

(3)持仓列表中,上海期货交易所的合约依"昨仓"及"今仓"分别列出。双击这些合约时,博易大师将自动选用"平仓"或"平今",无须手动选择。

(4)除上海期货交易所外,其他交易所不区分"昨仓"与"今仓"。

(5)平仓单发出后,交易界面将自动恢复为"开仓"状态,方便下次开仓。如果不希望自动恢复为"开仓",可在参数设置中修改。

4. 撤单。如委托单未成交或部分成交,需要撤单,可按如下步骤操作:

(1)点选交易界面左侧列表的"交易"项(见图 4-10)。

图 4-10 “交易”项

(2)在“可撤”列表中,以鼠标左键双击需要撤单的委托(见图 4-11)。

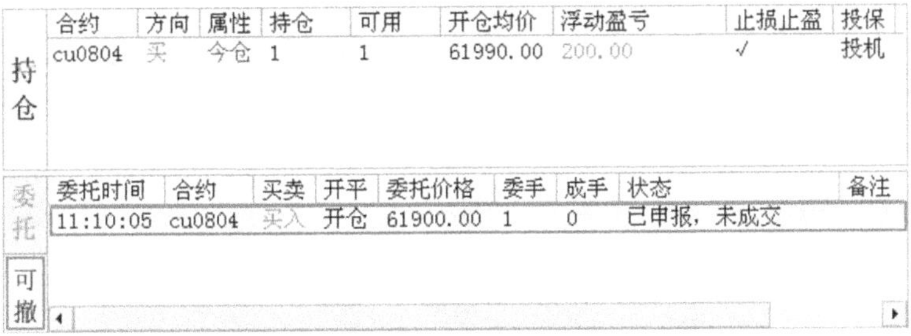

图 4-11 撤单功能

默认情况下,双击未全部成交的委托即撤单,无须确认。在参数设置中可修改为需要确认。

5. 设置交易窗口为浮动模式。初始状态下,交易界面位于主窗口的底部,但用户也可根据实际需要将其调整为浮动模式,点击交易界面右侧的“浮动”按钮即可(见图 4-12)。

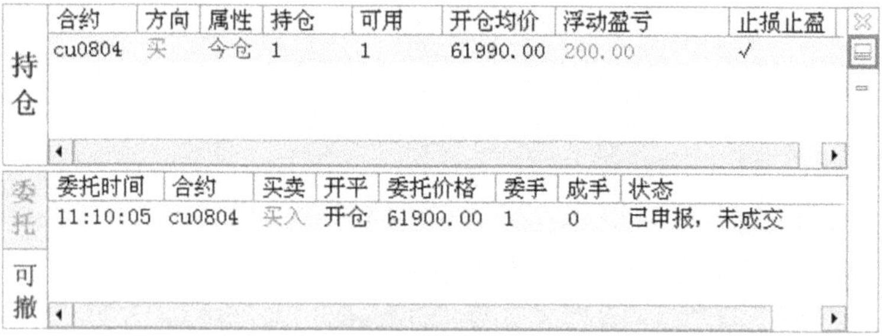

图 4-12　设置交易窗口的浮动模式

此时交易界面变为图 4-13 所示状态,“闪电手”工具栏也会自动显示。

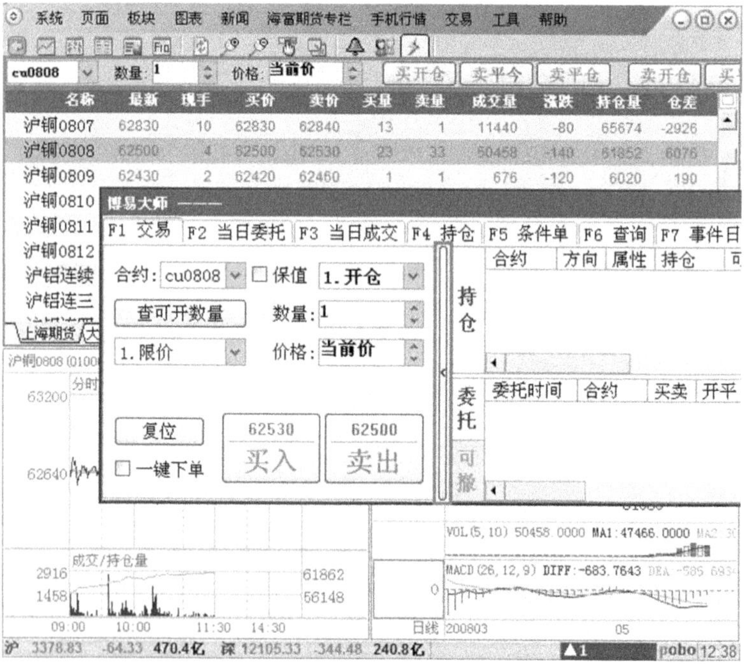

4-13　“闪电手”工具栏

需要注意的是：

(1)如用户点击行情窗口(报价图、走势图、K线图等)，交易界面会自动隐藏。此时用户可使用“闪电手”工具栏下单，下单成功后交易界面会自动弹出。按下工具栏中的“闪电状”按钮也可调出交易界面。

(2)如果需要交易界面始终可见，不自动隐藏，可在参数设置中修改。

(3)在蓝色标题栏上按下鼠标左键并移动，可拖动交易界面。在边框上按下鼠标左键并移动，可改变窗口大小。

(4)要将交易界面恢复为在主窗口底部显示，再次点击“浮动”按钮即可。

(5)点击“闪电手”工具栏中的“＜”按钮可隐藏下单区域，再次点击则恢复。

(二)文华财经“随身行”手机下单系统

客户需要开通“文华一键通”后才能使用“随身行”手机下单系统。与“富远无线手机行情”和“掌上财富”相比，文华财经“随身行”最大的优势在于免费看盘和免费交易。目前开通手机下单的客户，必须在电脑上确认账单，只有确认账单后才能进行交易。由于手机下单软件通过恒生系统接口进行交易，所以使用“上期技术综合交易平台CTP”或“易盛交易系统”进行交易的客户不能使用。该系统支持的手机类型有：iPhone手机和Android手机。

二、竞价

期货合约价格的形成主要有公开喊价和计算机撮合成交两种方式。其中，公开喊价属于传统的竞价方式。公开喊价方式又可分为两种形式：连续竞价制(动盘)和一节一价制(静盘)。

21世纪以来，随着信息技术的发展，越来越多的交易所采用了计算机撮合成交方式。计算机撮合成交是根据公开喊价的原理设计而成的一种计算机自动化交易方式，是指期货交易所的计算机交易系统对交易双方的交易指令进行配对的过程。这种交易方式相对公开喊价方式来说，具有准确、连续等特点，但有时会出现交易系统故障等问题。我国的期货交易所均采用计算机撮合成交方式。

计算机交易系统一般将买卖申报单以价格优先、时间优先的原则进行排序。涨、跌停板时，平仓优先、时间优先。

上海、大连、郑州三大期货交易所开盘集合竞价在每一交易日开市前 5 分钟内进行，其中 8:55—8:59 为期货合约买、卖指令申报时间，8:59—9:00 为集合竞价撮合时间。

中金所每一交易日的 9:10—9:14 为期货合约买、卖指令申报时间，9:14—9:15 为集合竞价撮合时间。

三、结算

结算是指根据期货交易所公布的结算价格对交易双方的交易盈亏状况进行的资金清算和划转。期货交易的结算由期货交易所统一组织进行。期货交易所应当在当日及时将结算结果通知会员。期货公司根据期货交易所的结算结果对客户进行结算，并应当将结算结果按照与客户约定的方式及时通知客户。

在我国郑州商品交易所、大连商品交易所和上海期货交易所，交易所只对会员进行结算，期货公司会员则对客户进行结算。中国金融期货交易所实行会员分级结算制度，交易所对结算会员结算，结算会员对其受托的客户、交易会员结算，交易会员对其受托的客户结算。

四、交割

实物交割是指期货合约到期时，根据交易所的规则和程序，交易双方通过该期货合约所载商品所有权的转移，了结未平仓合约的过程。实物交割方式包括集中交割和滚动交割两种。

集中交割也叫一次性交割，是指所有到期合约在交割月份最后交易日过后一次性集中交割的交割方式。

滚动交割是指在合约进入交割月以后，由持有标准仓单和卖持仓的卖方客户主动提出，并由交易所组织匹配双方在规定时间完成交割的交割方式。

我国内地三家交易所的交割流程各不相同，具体流程如下：

(一)上海期货交易所

采用5日交割法：

1.第一交割日：申报——买方申报意向；卖方交标准仓单。

2.第二交割日：配对——交易所分配标准仓单，买方交款。

3.第三交割日：买方取仓单，卖方收款(此时收到100%的货款)。

4.第四、第五交割日：卖方交增值税专用发票(经纪公司在收到增值税发票后释放卖方保证金)。

上海期货交易所的交割注意事项：①考虑到货款划转需要时间，买方客户需在交易所规定的交款日的前一日收盘前把交割款全额打入期货公司。②买方需配合期货公司及时提供正确的开票资料。③为了保证仓单的顺利流转，卖方客户需保证在最后交易日将标准仓单递送至经纪公司上海办事处。

(二)大连商品交易所

1.集中交割。

(1)最后交易日结算后，交易所按照“最小配对数原则”对未平仓合约进行配对。

(2)最后交割日的15时前，买方补足全额货款，卖方交齐对应的标准仓单和增值税发票，交易所进行仓单分配，将未发生违约的买卖双方的货款和标准仓单进行转移。

(3)最后交割日的15时后，未违约买方持结算部开具的货款收据到交割部领取“仓单持有凭证”；未违约且已交增值税发票的卖方收到全额货款。

大连商品交易所集中交割注意事项：①所有交易品种都能进行集中交割。②自然人不能持仓进入交割月，自然人不允许交割。③考虑货款划转的时间，买方客户需在交易所规定的交款日前一日收盘前把交割款全额打入期货公司。④买方需配合期货公司及时提供正确的开票资料。⑤为了保证仓单的顺利流转，卖方客户需保证在最后交易日将标准仓单递送至经纪公司大连办事处。

2. 滚动交割。

(1)在配对日的交易时间，买卖方进行申报。

(2)在配对日的收市时，对有效买卖申报意向进行确认并平仓，结算时以当日结算价作为滚动交割的交割结算价并计算平仓盈余。

(3)配对日后第二个交易日(交收日)，买方补足全额货款，给买方开具“标准仓单持有凭证”，交易所将80%的货款付给卖方。交易所在收到卖方会员提交的增值税专用发票后，将剩余的20%货款付给卖方会员。

大连商品交易所滚动交割注意事项：除线型低密度聚乙烯、聚氯乙烯、棕榈油外，其余品种都能进行滚动交割。

(三)郑州商品交易所

1. 集中交割——3日交割法。

(1)第一日：配对日，买卖双方均可提出申请。

(2)第二日：通知日，领取“交割通知单”。

(3)第三日：交割日，买方在9:00前将所欠货款划入交易所，卖方在9:00前将仓单交至结算部门，交易所将80%的货款付给卖方，经纪公司在收到增值税发票后将20%的余款划入卖方账户。

2. 滚动交割。

(1)配对日交易时间,买卖方进行申报(卖方优先)。

(2)配对日收市时,对有效买卖申报意向进行确认并平仓,结算时以当日结算价作为滚动交割的交割结算价并计算平仓盈余。

(3)配对日后第二个交易日(交收日),买方补足全额货款,给买方开具"标准仓单持有凭证",交易所将80%的货款付给卖方。交易所在收到卖方会员提交的增值税专用发票后,将剩余的20%货款付给卖方会员。

郑州商品交易所滚动交割注意事项:所有品种进入交割月都可以进行滚动交割;未达成一致的,在最后交易日集中配对交割。

五、期货转现货

期货转现货(简称期转现)是指持有同一交割月份合约的多空双方之间达成现货买卖协议后,变期货部位为现货部位的交易。

上海期货交易所铜、铝、锌、天然橡胶、螺纹钢、线材期转现的期限为欲进行期转现合约的交割月份的上一月份合约最后交易日后的第一个交易日起至交割月份最后交易日前两个交易日(含当日)止;燃料油期转现的期限为欲进行期转现合约的交割月份的上一月份的第一个交易日起至倒数第四个交易日(含当日)止。

大连商品交易所黄大豆2号、玉米、豆粕、豆油、线型低密度聚乙烯、棕榈油、聚氯乙烯期转现的期限为该合约上市之日起至交割月份前一个月的倒数第三个交易日(含当日)。

郑州商品交易所期货合约(除棉花)自上市之日起到该合约最后交易日期间,均可进行期转现。棉花在最后交易日,交易所不办理期转现。

实训要求

1. 进行模拟交易,对模拟交易的收益率、成交量进行考核。

2. 按照要求完成实训报告。

实训五　期货套期保值交易

实训目的

理解套期保值原理；熟悉套期保值的操作原则；掌握套期保值的具体应用；能根据企业实际情况制定套期保值方案。

实训内容

1. 通过网络查找企业套期保值的案例，依据套期保值理论进行案例剖析。

2. 比较分析各交易所套期保值的方案及业务流程。

3. 了解企业进行套期保值应该注意的事项。

知识链接

一、套期保值基础知识

套期保值(Hedging)是指在期货市场上买进或卖出与现货商品或资产相同或相关、数量相等或相当、方向相反、月份相同或相近的期货合约，从而在期货和现货两个市场之间建立盈亏冲抵机制，以规避价格波动风险的一种交易方式。

(一)套期保值原理

套期保值之所以能够规避价格风险，是基于以下基本原理：

1. 同一品种的期货价格走势与现货价格走势一致。

2. 期货交易的交割制度，保证了现货市场与期货市场价格随期货合约到期日的临近，两者趋于一致。

(二)套期保值原则

1.品种相同或相近原则。所选择的期货品种与要进行套期保值的现货品种相同或尽可能相近,只有如此,才能最大限度地保证两者在现货市场和期货市场上价格走势的一致性。

2.月份相同或相近原则。所选用期货合约的交割月份与现货市场的拟交易时间尽可能一致或接近。

3.方向相反原则。在现货市场和期货市场的买卖方向必须相反。由于同种(相近)商品在两个市场上的价格走势方向一致,因此必然会在一个市场盈利而在另外一个市场上亏损,盈亏相抵从而达到保值的目的。

4.数量相当原则。所选用的期货品种其合约上所载明的商品数量必须与现货市场上要保值的商品数量相当,只有如此,才能使一个市场上的盈利(亏损)与另一市场的亏损(盈利)相等或接近,从而提高套期保值的效果。

二、三大期货交易所套期保值材料

(一)上海期货交易所

1.申请套期保值需要提交的材料。

(1)《上海期货交易所套期保值申请(审批)表》(一式三份)。

(2)企业近2年在交易所的交易实绩(经纪公司提供)。

(3)双方企业营业执照副本复印件各一份。

(4)企业近2年的现货经营业绩。

(5)企业套期保值交易方案(主要内容包括风险来源分析、确定保值目标、明确交割或平仓的数量)。

(6)交易所要求的其他证明材料。

2.卖出套期保值交易需要提交的证明材料。

(1)原材料生产企业保值商品的消耗定额、生产能力,当年的生产计划、原材料购销计划(合同)及上一年度总产量的证明材料,以及交易所要求提供的其他材料。

(2)原材料加工企业、流通经营企业及其他企业保值商品的现货仓单或拥有实货的其他凭证(购销合同或发票),以及交易所要求提供的其他材料。

3.买入套期保值交易需要提交的证明材料。

(1)原材料加工企业保值商品的消耗定额、加工能力、生产经营计划或生产商品的购销合同及上一年度总产量的证明材料,以及交易所要求提供的其他材料。

(2)原材料生产企业、流通经营企业及其他企业保值商品的购销计划(合同)的证明材料,以及交易所要求提供的其他材料。

(二)大连商品交易所

申请套期保值需要提交的材料如下:

(1)《大连商品交易所套期保值申请表》。

(2)企业近2年在交易所的交易实绩(经纪公司提供)。

(3)企业近2年的现货经营业绩。

(4)企业套期保值申请函。

(5)企业套期保值方案。

(6)双方企业营业执照副本复印件各一份。

(7)购销计划(合同)或保值商品的消耗定额、加工能力、生产经营计划及上一年度总产量的证明材料。

(8)企业上年经过审计的资产负债表、损益表。

(9)若企业申请买入套期保值的,还需提供接收仓单后的处理方式(如变现处理等)。

(三)郑州商品交易所

申请套期保值需要提交的材料如下：

(1)《郑州商品交易所套期保值申请表》。

(2)企业近2年经过审计的资产负债表、损益表和现金流量表(复印件)。

(3)证明企业近2年现货经营业绩的保值商品或其相关产品的销项增值税发票记账联(复印件)。

(4)套期保值交易的操作说明。

(5)购销计划(合同)。

(6)企业营业执照副本复印件。

(7)经纪公司的证明材料。

三、买入、卖出套期保值的适用对象与范围

套期保值也可分为两种:一种是用来回避未来某种商品或资产价格上涨的风险,称为买入套期保值;另一种是用来回避未来某种商品或资产价格下跌的风险,称为卖出套期保值。

(一)买入套期保值的适用对象和范围

买入套期保值适用于准备在将来某一时间内购进某种商品或资产,但希望价格仍能维持在目前自己认可的水平的机构和个人,他们最大的担心是当他们实际买入现货商品或资产时价格上涨。对于商品生产经营者来说,买入套期保值一般可运用于如下一些情形：

1.加工制造企业为了防止日后购进原材料时价格上涨,如铝型材厂担心日后购进铝锭时价格上涨,用铜企业担心日后电解铜的价格上涨,饲料厂担心玉米、豆粕的价格上涨等。

2.供货方已经跟需求方签订好现货供货合同,将来要交货,但供

货方此时尚未购进货源,担心日后购进货源时价格上涨。

3.需求方认为目前现货市场的价格很合适,但由于资金不足或者缺少外汇或一时找不到符合规则的商品,或者仓库已满,不能立即买进现货,担心日后购进现货时价格上涨,稳妥的办法是买入套期保值。

【案例 1】 2013 年 7 月,某油厂预计次年 1 月需要 100 吨大豆作为原料。当时大豆的现货价格为每吨 4500 元,该油厂对该价格比较满意。据预测次年 1 月大豆价格可能上涨,因此该油厂为了避免将来价格上涨,导致原材料成本上升的风险,决定在大连商品交易所进行大豆套期保值交易。交易情况如表 5-1:

表 5-1 某油厂大豆套期保值交易

	现货市场	期货市场
2013 年 7 月	大豆价格 4500 元/吨(目标价格)	买入 10 手 1 月份大豆合约:价格为 4640 元/吨
2014 年 1 月	买入 100 吨大豆:价格为 4700 元/吨	卖出 10 手 11 月份大豆合约:价格为 4840 元/吨
结果	亏损 200 元/吨	盈利 200 元/吨
	盈亏:100×200−100×200=0(元)	

(二)卖出套期保值的适用对象与范围

卖出套期保值适用于准备在将来某一时间内卖出某种商品或资产,但希望价格仍能维持在目前自己认可的水平的机构和个人,他们最大的担心是当他们实际卖出现货商品或资产时价格下跌。对于商品生产经营者来说,卖出套期保值一般可运用于如下一些情形:

1.直接生产商品的生产厂家、农场、工厂等手头有库存产品尚未销售或即将生产、收获某种商品实物,担心日后出售时价格下跌。

2.储运商、贸易商手头有库存现货尚未出售,或储运商、贸易商已签订将来以特定价格买进某一商品但尚未转售出去，担心日后出售时价格下跌。

3.加工制造企业担心库存原料价格下跌。

【案例2】 2007年9月，大豆现货价格为3500元/吨，2008年1月到期的大豆期货合约价格为3600元/吨。某种植大豆的公司预计在未来几月大豆价格会下降，决定为其即将收获的50000吨大豆进行保值。做如下操作：以3600元/吨的价格卖出5000手2007年1月份大豆合约，此时基差为－100元/吨。到了2008年1月份，大豆现货价格变为4100元/吨，期货价格变为4200元/吨，该农场将收获的大豆卖出，同时买入5000手1月份大豆合约将原有合约对冲，此时基差为－100元/吨。

表5-2 某加工制造企业卖出套现保值交易

	现货市场	期货市场
2007年9月	大豆价格3500元/吨(目标价格)	卖出5000手1月份大豆，合约价格为3600元/吨
2008年1月	卖出50000吨大豆，价格为4100元/吨	买入2008年1月大豆合约，平仓价格为4200元/吨
结果	盈利600元/吨	亏损600元/吨
	盈亏：50000×600－50000×600＝0(元)	

四、套期保值方案的制订与实施

(一)必须清楚套期保值对企业的作用

套期保值对于企业的作用就相当于买保险，即为企业的原材料、产成品买了保险。企业规模越大，越需要这种“保险”；原材料或产成品的价格波动越大，越需要这种“保险”。企业参与期货市场就是来转移和抛售风险的，对于企业来讲，期货市场就是一个风险管理工具（且记，它就是一个工具，而不要把它当成现货批发市场）。

（二）明确套保成功与否的标准

对于原材料买入者来讲，套保成功与否的标准是：企业的原材料买入价是否低于市场平均价。只有原材料的买入价低于市场平均价，才能说企业的套保操作是成功的，否则其套保操作就是失败的。

对于产成品卖出者来讲，即卖出套保来讲，评判成功与否的标准是：企业商品的卖出价是否高于市场平均价，只有高于市场平均价才能说企业的套保是成功的，否则就意味着套保失败。

所以对于套保来讲，并不一定能完全保证企业在任何情况下都盈利。

（三）企业套期保值操作策略

1. 分析市场。套期保值操作绝不是简单地在买入现货后马上在期货市场做一笔卖出交易，也不是未来需要现货就立即在期货市场的远期合约上买入。套保操作能否成功最关键的因素是分析市场，弄清楚市场所处的状态，在此基础上才能形成正确的套保决策和策略——是买入还是卖出，或者暂时不需要入市，等等。如果市场是牛市状态，企业就应该尽量多做买入套保，而尽量控制卖出套保；如果市场是熊市状态，则相反。

需要说明的是，分析市场并不意味着投机，区分投机与套保的关键是期货头寸是否有相对应的现货存在或需求，而不是是否进行市场分析。只要期货头寸有相对应的现货存在或需求，则期货交易就是保值交易。

2. 分析市场后，寻找对企业不利的情况。若担忧价格上涨对企业不利，则计划考虑做买入保值；若担忧价格下跌对企业不利，则计划考虑做卖出保值；若没有对企业不利的情况，即市场价格处于平衡状态，则企业就没有必要入市做套保交易。

3.套保操作只需要关注价格运行的方向和趋势，而不必过分关注价格的每天波动。对于套保来讲，企业担心的是市场价格的运行方向对企业不利，而不是每天的价格波动。市场价格每天都会上下波动，若企业过分关注这种日内的波动，将难以贯彻套保计划。

4.套保交易最好用对冲的方式了结，除非期货价与现货价出现很大的背离才采取实物交割的方式。因为若期货合约到期时与现货价接近，企业就没有必要在期货市场接现货或卖现货，而可以采取对冲的方式了结企业的期货头寸，这样可以省去交割程序又不影响与现货业务伙伴的关系。

当然，若期货价格背离现货价，则交割是个不错的选择。因为这样企业可以在期货市场以高于现货的价格卖货物，或者是在期货市场以低于现货的价格买到货物。

5.始终保持现货和期货头寸的相对应。比如，企业计划在未来某个时期需要一定数量的现货，若通过分析认为未来价格上涨的可能性较大，则可以先在期货市场买入相当的期货头寸，之后，当购进现货后，就必须同时减持相应的期货头寸，即做到现货与期货对冲，始终保持期货头寸不要超出现货需求，只有这样才能避免出现套保操作转化为投机操作。套保转化为投机是所有套保业务的大忌，企业必须回避这种现象的出现，因为历史上很多案例告诉我们这样做的危害性极大。

实训要求

1.依据企业套期保值的要求，为企业设计套期保值计划书。

2.按照实训要求写出实训报告。

实训六　期货投机与套利交易

实训目的

掌握投机交易、套利交易的各种操作方法，能制订交易策略。

实训内容

1. 选择一个品种进行具体的投机交易，并写出操作理由。

2. 熟悉跨期套利、跨商品套利、跨市场套利的思路，并选择相应的品种进行套利操作。

知识链接

一、期货投机操作

期货投机是指在期货市场上以获取价差收益为目的的期货交易行为。如预测期货价格将下跌，则开仓卖出期货合约，等价格下跌后再买入平仓获利。前者的行为由于在期货市场上处于多头的部位，所以也被称为多头投机。后者的行为在期货市场上处于空头部位，所以也称空头投机。投资者的做多或做空需要顺势而为，千万不能逆市而为。

至于投资者如何预测期货价格将上涨或下跌，一般有基本分析派和技术分析派两种。基本分析派是通过分析商品供求因素来预测价格走势；而技术分析派是通过K线图和技术指标来对商品的价格走势进行分析判断。

当行情处于明显的单边通道时（见图6-1），可以以长线交易对待；反之，尽量以短线交易对待。在变幻莫测的期货市场中，所有从事交易的人都应小心谨慎。特别是当日交易，要求有充足的时间和高度集中的精神。虽然当日交易的代价会较大，短线交易交纳的手续费累计也会很高，但它可以规避隔夜仓带来的风险。

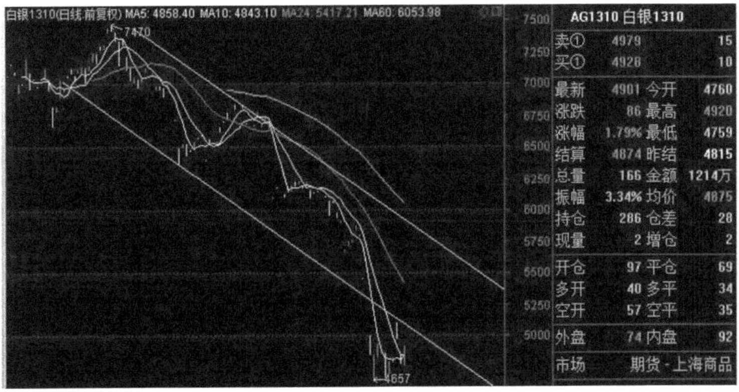

图 6-1 白银 1301 合约的 K 线图

【案例 1】 某投机者对白银期货进行分析预测，认为白银价格即将从高位下跌，于是果断入市做空头投机，在上海商品交易所以 6700 元/千克的价格开仓卖出白银合约 20 手(每手 15 千克)。半个月后，受全球大市场价格下跌的影响，白银大跌，该投资者以 6000 元/千克的价格平仓获利，共获利：(6700－6000)×15×20＝210000(元)。

本案例中投资者因为预测准确而成功获利。对于投机来说，要取得成功，最重要的是对价格进行准确的判断和预测。

对于投机交易来说，要取得成功，还要注意保证金的理性控制，不要过度开仓。仓位过重，容易爆仓且会影响正常的交易心态。另外，期货投机交易要注意坚持止损的铁律，即看错方向，必须及时出局以规避更大的可能风险。

二、套利的含义

套利，是指利用不同市场、不同月份、不同品种之间的价格变化，在相关合约上进行交易方向相反的交易，以期价差发生有利变化而获利的交易行为。

正如一种商品的现货价格与期货价格经常存在差异，同种商品不同交割月份的合约价格之间也存在差异，同种商品在不同交易所的交易价格变动也存在差异。这些差异的存在，使期货市场的套利交易成为可能。期货投机不仅仅局限于期货合约绝对价格的水平变化，还更多地转向期货合约相对价格的水平变化。

进行套利时，由于所买卖的对象是同类商品，所以价格在运动方向上是一致的，盈亏会在很大程度上被抵消。因此，套利的风险性较小。套利交易是利用相关期货合约间不合理的价差来进行的，在进行套利时，交易者注意的是合约之间或不同市场之间的相互价格关系而不是绝对价格水平。当预计两张期货合约之间的正常价格差距会出现变化时，交易者可以利用这一价差，在买进（卖出）一种合约的同时，卖出（买进）另一种合约，以便日后市场情况对其有利时将在手合约对冲。

【案例 2】 某投资者在 5 月 6 日同时在郑州商品交易所买入 7 月卖出 9 月 PTA 期货合约，价格分别为 8120 元/吨、8230 元/吨，假设到了 6 月 6 日，7 月和 9 月的该合约价格分别为 8170 元/吨、8250 元/吨，则价差缩小了。此时将 2 个合约同时平仓，即获取了 30 元/吨的套利。

表 6-1　某投资者的套利交易

	7 月 PTA 合约	9 月 PTA 合约	价差
5 月 6 日	8120 元/吨	8230 元/吨	110 元/吨
6 月 6 日	8170 元/吨	8250 元/吨	80 元/吨

当然，套利的相关期货合约的价格往往是不同的，存在价格较高一边和价格较低一边。套利者开始究竟是买入价格较高一边的同时卖出较低一边，还是相反，这要取决于套利者对相关期货合约价差变化趋势的预期。

三、跨期、跨市、跨商品套利的操作要点

期货市场的套利主要有三种形式，即跨期套利、跨市套利及跨商品套利。

（一）跨期套利

跨期套利，又称跨月份套利，是投机者在同一市场利用同一种商品不同交割期之间的价格差距的变化，买进某一交割月份期货合约的同时，卖出另一交割月份的同类期货合约，以期在有利时机再进行对冲平仓而获取差价利润。跨月套利与商品绝对价格无关，而仅与不同交割期合约之间价差变化趋势有关。

实际的套利交易中，有交易费用、资金成本等套利成本直接影响到套利最后的收益，套利者往往要将套利成本与套利可能的收益进行权衡比较，然后才决定是否进行套利交易。当然，在实际操作中，我们要善于找到两个合约的价格差从不断增大到趋向缩小的转折点，在这时开仓，我们就可能在较短的时间内获利平仓，减少保证金占用时间，增加资金利用效率。

套利的成本主要包含交易手续费和资金利息，如果最终选择交割了结，则还涉及交割手续费、仓储费、增值税等。不同的期货品种各项费用的标准也不同。

（二）跨市套利

跨市套利是在不同交易所之间的套利交易行为。当同一期货商

品合约在两个或更多的交易所进行交易时，由于区域间的地理差别，各商品合约间存在一定的价差关系。在某一交易所买入（或卖出）某一交割月份的某种商品合约的同时，在另一交易所卖出（或买入）同一交割月份的同种商品合约，以期以后分别对冲获利。例如伦敦金属交易所与上海期货交易所都进行阴极铜的期货交易，每年两个市场间会出现几次价差超出正常范围的情况，这为交易者的跨市套利提供了机会。当同一商品在两个交易所中的价格差额超出了将商品从一个交易所的交割仓库运送到另一交易所的交割仓库的费用时，可以预计，它们的价格将会吸引套利者套利，从而缩小价格差额。比如说小麦的销售价格，如果芝加哥交易所比堪萨斯城交易所高出许多，以致价差超过了运输费用和交割成本，那么就会有现货商买入堪萨斯城交易所的小麦并用船运送到芝加哥交易所去交割。

在做跨市套利时应注意影响各市场价格差的几个因素，如运费、关税、汇率等。

（三）跨商品套利

跨商品套利，是指利用两种不同的，但是相互关联的商品之间的期货价格的差异进行套利，即买进（卖出）某一交割月份某种商品的期货合约，而同时卖出（买入）另一种相同交割月份、相互关联商品的期货合约，以期在有利时机同时将这两种合约对冲平仓获利。

跨商品套利必须具备以下条件：一是两种商品之间应具有关联性与相互替代性；二是交易价格受相同的一些因素制约；三是买进或卖出的期货合约通常应在相同的交割月份。

根据商品之间关系的不同，可以将跨商品套利分为：一是相关商品间的套利，如小麦/玉米套利，因为小麦和玉米均可用作食品加工及饲料，合约有同升同降的趋势。当价差脱离了它们之间的合理价差时，就出现了套利空间。如果现行价差偏大，预期会缩小，则可买入低价合约、卖出高价合约进行套利。二是原料与成品间套利，如原油与成品油之间可以进行这种形式的套利。正常情况下，作为原料的原油和其炼制品成品油之间存在一定的价格差异。当这种价格差异偏离了正常范围时，就可以进行原油与成品油之间的套利。即如果预期价差会缩小，则买入低价合约、卖出高价合约进行套利。在进行跨商品套利时，应注意这些期货商品间价格变动的相关关系。虽然两种相关商品期货合约的价格变动朝同一方向，但是它们的波动幅度并不相同。也就是说，其中一种商品合约价格的上升速度或下跌速度会比另一商品合约来得快，决定这种套利活动成功与否取决于这两种商品合约的价差变化程度。

实训要求

1. 按实训内容选定合约进行具体的操作。
2. 写出完整的实训报告。

实训七　期货价格分析

实训目的

熟悉期货交易基本分析和技术分析的相关方法。

实训内容

1. 了解基本分析的过程,并能对期货品种作初步的分析。
2. 了解技术分析的方法,并能对期货品种作初步的分析。

知识链接

一、期货交易基本分析

在期货交易中,无论是套期保值交易,还是投机套利交易,都需要交易者根据已知信息对市场未来走势进行预测。可以说,正确的预测是交易成功的关键。然而,如何才能做到预测正确呢?首先要了解期货价格的基本构成情况,然后掌握期货价格的分析方法。

期货的价格一般由商品生产成本、现货正常利润、期货交易费用、期货商品流通费用和期货预期收益五部分构成。一般情况下,商品生产成本是决定各种商品期货价格的最基本因素;期货交易费用(主要包括佣金、交易手续费、结算费和保证金的利息)、期货商品流通费用(商品运杂费和保管费),以及期货预期收益对期货价格也有一定程度的影响。

基本分析就是根据期货价格的基本构成因素,对商品的实际供给和需求关系,以及影响供求关系变化的种种因素进行综合分析,最终预测商品价格走势。因此,期货交易基本分析主要对象是市场供求因素，还有政策因素、经济波动周期因素、政治因素、自然条件因素，以及投机和心理等其他因素。它们对期货价格的影响最终都是通过影响市场的供求因素来实现的。

（一）市场供求因素

主要通过供应量和需求量的分析来把握。供给方面主要考察前期库存量、本期产量和本期进口量三部分情况。商品市场的需求量则主要考察国内消费量、出口量和期末结存量三部分内容。同时还要了解该商品的供求特点及其影响因素，并将有关因素组合起来，进行综合分析，以判断它们对价格的综合作用。

（二）政策因素

包括经济政策因素和货币政策因素。两者的调整比较频繁，因而对期货价格影响也很大。例如，削减产量、出口管制、利率或汇率的波动等，这些政策措施对期货市场商品价格会产生不同程度的影响。

（三）经济波动周期因素

经济周期一般由四个阶段构成，即危机、萧条、复苏、高涨。在这四个阶段，由于供需情况发生了变化，最后引起期货价格的变化，如复苏阶段由于生产的恢复和发展，以及需求的增加，促使价格逐渐回升。

（四）政治因素

政治与经济历来都是密不可分的。当政局动荡，如发生政变、内战、罢工等，或国际方面的战争、冲突、经济制裁等，都会使经济整体受影响，并导致期货价格的波动。

（五）自然条件因素

自然条件主要是指气候条件、地理变化及自然灾害等。有时候自然条件的变化，会对主要农产品的正常生产和消费带来较大影响，从而使供给发生变化，刺激期货价格的波动。

（六）投机和心理因素

在期货市场投机力量盛行时，若价格看涨，投机者会迅速买进合约，促进期货价格进一步上升；反之，若价格看跌，投机者会迅速卖空，促使期货价格进一步下跌。如此投机，会对期货价格的变动起推波助澜的作用。同样，期货交易者的心理因素有时对期货价格也有很大程度的影响。当人们对市场信心十足时，即使没有什么利好消息，价格也可能上涨；反之，价格则会下跌。

在基本分析的领域中，因为涵盖信息很多、很复杂，对行情价格的影响也是很复杂的，需要投资人对市场基本因素进行综合判断。

【案例】 在市场上，一些石油相关类股的价格，会因为受到原油价格将要调涨及投资人的预期心态，而有所变动。但在当时，原油价格尚未调整。而且这与原油实际调整的时间有一段相当长的落差。其次，一波行情经常让价格远离基本面的均衡水准。然后，再出现折返走势。因而，会出现基本面与价格波动不一致的状况。

基本面的变化并不一定引起价格的相应波动。反之，市场上也经常出现价格大幅波动但基本面并没有显著变化的情况。一个较合理的解释是：价格有时会落后或领先既有的信息所隐含的市场价格水准。事实上，若市场受到基本面的影响，使得价格远离均衡水准，而这时又出现类似的基本面消息，价格将会朝反向调整。如利空消息出现后市场价格反而涨了。

因此，投资者在作决策时应结合基本面的背景等综合考虑相关因素，来提升交易成绩。

二、期货交易技术分析

基本分析方法虽然是预测价格走势的一种很重要的方法，但即使交易者掌握了所有影响价格的信息，也难以十分准确地把握价格走势。因此，产生了通过对市场行为本身的分析来预测市场价格的变动方向的另一种方法，即技术分析方法。

技术分析是根据期货合约价格的历史数据，在图表上有条理地记录下来，通过归纳分析研究，以推测未来价格的趋势。技术分析方法大致可划分为图形分析和指标分析等。图形分析方法主要有K线图、趋势线、形态等分析方法。指标分析则主要有移动平均线(MA)、随机指标(KDJ)、平滑异同平均线(MACD)等。

(一) 图形分析

1. K线图及其组合分析。K线图是以单位时间的开盘价、收盘价、最高价和最低价用蜡烛形连接起来的图形。在K线坐标图上，竖轴代表期货合约的价格，水平轴记录对应的时间项，时间标在图表的底部。我们主要以日K线图(如图7-1)作为研究对象。

按不同的时间，K线图又可以分为日K线图、周K线图、月K线图、年K线图，以及1分钟、5分钟、15分钟、30分钟及60分钟K线图等。周K线图、月K线图和年K线图一般适合于中、长线交易分析，其余的K线图则适用于短线交易。

按以上规则，单根K线图可以表达当日的强弱含义，但在具体操作中，往往操作意义不大。而应用K线组合后进行行情分析，准确性则会大幅提高。常见的K线组合图有两阳夹一阴、早晨之星、红三兵等。

2. 趋势线分析。趋势线反映的是期货价格的基本走势，它是图

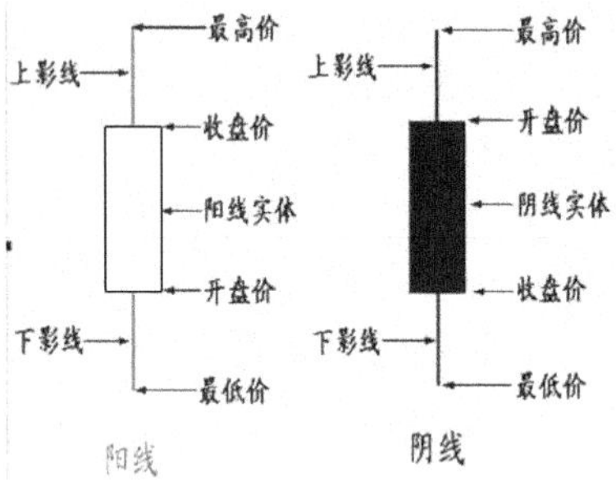

图 7-1　日 K 线

形分析中所使用的最简便，同时也最有价值的基本技术工具之一。趋势线主要有两种，即上升趋势线和下降趋势线。

无论是上升趋势线还是下降趋势线，均具有由支撑线和压力线所构成的一组平行线。高点与高点连接所形成的趋势线也称压力线，低点与低点连接所形成的趋势线也称支撑线。压力线对以后价格的上涨有一定的压制作用，支撑线对以后价格的回调有一定的支撑作用。构成压力线或支撑线连接的点越多越好，点越多，上升趋势线或下跌趋势线的支撑与反压讯号也越明显。压力线或支撑线都必须是直线，并且这两条直线须非常平行。（如图 7-2）

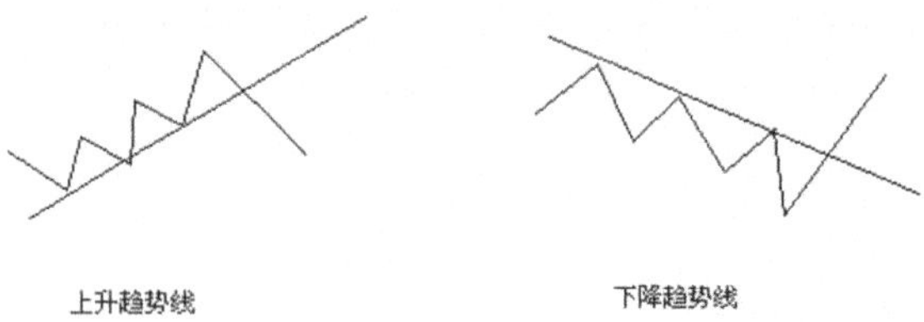

图 7-2　趋势线

以趋势线方法分析预测价格走势，首先应了解价格处于上升趋势还是下降趋势。其次要了解是主要趋势还是次要趋势，当一条趋势线，在时间上涵盖了长达数月之久，可以称之为主要趋势线或长期趋势线，较短时间的趋势线，则称之为次要趋势线或短期趋势线。

在实际运用过程中，如期货价格跌破上升趋势的支撑线，就是卖出信号。而没有跌破之前，上升趋势的支撑线处就是较好的买入点；如期货价格向上突破下降趋势的压力线，则是买入信号，而在没有突破下降趋势的压力线之前，价格每一次回升至压力线都是比较好的卖点。由此推论，一旦某个趋势如其趋势线所标志，具备了一定的坡度或演变速率之后，通常将继续保持同样的坡度。因此趋势线不仅可以确定在市场调整阶段价格运行的极限位置，更重要的是，它可以提示我们在何种情况下趋势正在发生变故。

3.形态分析。形态分析就是通过对期货价格在K线图上所形成一段时间的特定图案或者花样进行具体的分析，以预测后期价格的走势。比较有操作意义的是反转形态。

反转形态是指期货价格趋势逆转所形成的图形，亦指期货价格由涨势转为跌势，或由跌势转为涨势的信号，也意味着趋势正在发生重要转折。常见的反转形态有V形、双重形、头肩形、圆弧形等。

所有反转形态都具备下列几点基本要领：①在市场上事先确有趋势存在，这是所有反转形态存在的前提；②现行趋势即将反转的第一个信号，经常是重要的趋势线被突破；③形态规模越大，则随之而来的市场动作越大；④交易量在验证向上突破信号的可靠性方面，更具参考价值。

(1)V形反转。V形反转形态有V形形态和倒V形形态两大类。由于市场中卖方的力量很大，令期价持续迅速下挫，当这股卖空的力量消失之后，买方的力量完全控制整个市场，使得期价迅速回升，几乎以与下跌同样的速度涨至原来的期价。因此，在图表上期价的运行，形成一个像V字般的移动轨迹。倒V形情况正好相反。(如图7-3)

(2)双重形。双重形分为双重顶(M头)和双重底(W底)两种形

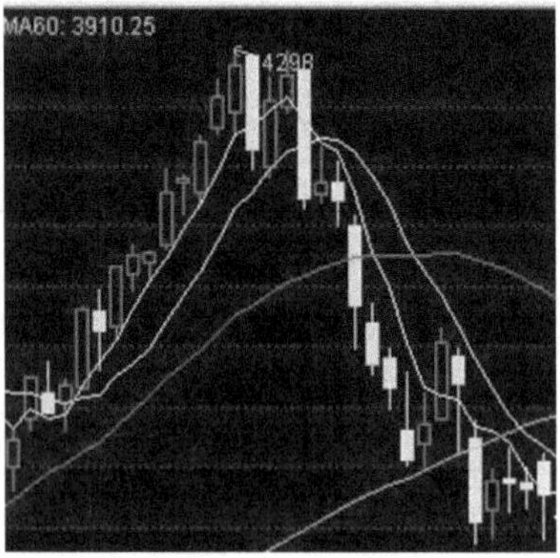

图 7-3　倒 V 形反转

态。双重顶和双重底的出现频率比较高，仅次于头肩形，易于识别。当期价上升至某一高价位时，出现大成交量，期价随后开始下跌，成交量跟着减少。然后，期价又上升至与前一高价位几乎相等的顶点，成交量随之大增，之后，期价再次下跌，这样形成双重顶。

双重底与双重顶形态正相反，在下跌趋势中，市场在某一相对低点止跌，确立了第一个低点，经过一定的反弹后，价格升至某一点位。然而，当价格下一轮下跌又会在第一个低点附近企稳，即形成第二个低点。当价格再次上升且有效冲出第一次反弹的高点后，形态成立。（如图 7-4）

在实际运用过程中，有如下几个要点：双重顶颈线跌破，是可靠的卖出信号；而双重底颈线突破，则是可靠的买入信号。

图 7-4　双重底(W 底)

(3)头肩形。头肩形是最基本的反转形态。其他绝大多数反转形态都仅仅是头肩形的变体。头肩形又分为头肩顶形(见图 7-5)和头肩底形。

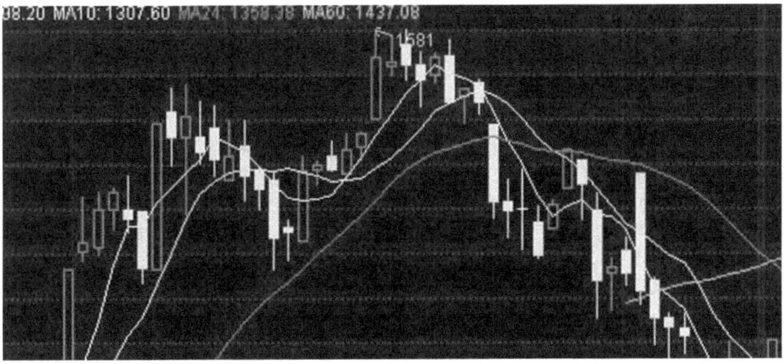

图 7-5　头肩顶形

由于头肩底与头肩顶反转形态一样，所以此处仅以头肩顶为例进行讨论。头肩顶在实际运用过程中，有如下几个要点：

①头肩形是长期性趋势的转向形态，头肩顶形常出现于牛市的

尽头，而头肩底形常出现于熊市的尽头；

②当头肩顶颈线被跌破时，是卖出的信号；当头肩底的颈线被突破时，是买入信号。其价格上涨和下跌的幅度等于头顶到颈线的距离；

③当颈线被跌破或被突破时，需要成交量的配合，否则，可能出现假跌破或假突破。另外，当头肩顶形跌破颈线时，有可能会出现回升，回升应该不超过颈线；头肩底形突破颈线时，有可能会出现回落，回落应该不超过颈线。

④最好的买点（或卖点）出现在突破颈线回落（或回升）后在拐头向上（或向下）之际。

（4）圆弧形。圆弧形分为圆弧顶及圆弧底。对于圆弧顶来说，期价呈弧形上升或下降。即虽然期价不断升高，但每一次涨幅不大，然后达至最高点又缓慢下落。对于圆弧底来说，走势正好相反。期价首先缓慢下跌，至最低点又慢慢攀升，形成圆弧底（见图 7-6）。

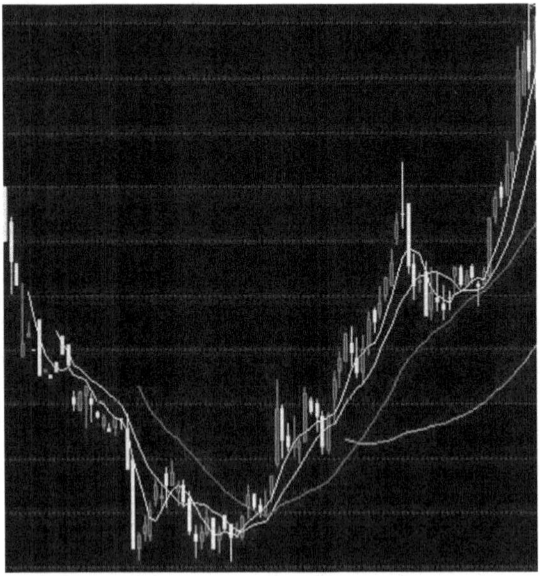

图 7-6　圆弧底

如图 7-6,圆弧底的左边下跌趋势逐步丧失动力,慢慢转变为右边新的上升动力。在圆弧的形成过程中,价格的升跌非常平缓,同时图下方的交易量也倾向于形成相应的圆底形态。无论是在顶部还是在底部构造中,圆弧的成交量均逐步收缩,并且当新的方向占据主动时相应增加。

当圆弧顶及圆弧底形成后,期价并不马上下跌或上升,通常要横向整理一段时间,一旦期价突破横向整理区域,对于圆弧顶的情况而言,会出现极大的跌幅,此时是卖出的信号;对于圆弧底而言,则会出现极大的涨幅,此时是买入的信号。

(二)指标分析

指标分析也是技术分析的重要组成部分。指标分析主要有移动平均线(MA)、平滑异同平均线(MACD)、相对强弱指标(RSI)、随机指标(KDJ)、人气指标(OBV)和乖离率(BIAS)等。

1. 移动平均线(MA)。移动平均线是用统计处理的方式,将若干天的期价加以平均,然后连成一条移动平均线,用于观察期价的未来走势。在期货价格分析中,移动平均线所取的时间序列值通常有 5 天、10 天、20 天、30 天。5 天、10 天的移动平均线称为短期移动平均线,用于分析短期价格走势;10 天、20 天、30 天的称为中期移动平均线,用于分析中期走势;30 天与更大值的称为长期移动平均线,用于分析长期走势。

一般当小数值的移动平均线上穿大数值的移动平均线,意味着期货交易新生力量在增强,所以期货价格后期看涨(如图 7-7);反之,期货价格后期看跌。当期价在移动平均线之下时,短期价差给以后的反弹提供机会。一旦期价回升,突破移动平均线便是买进的好时机。

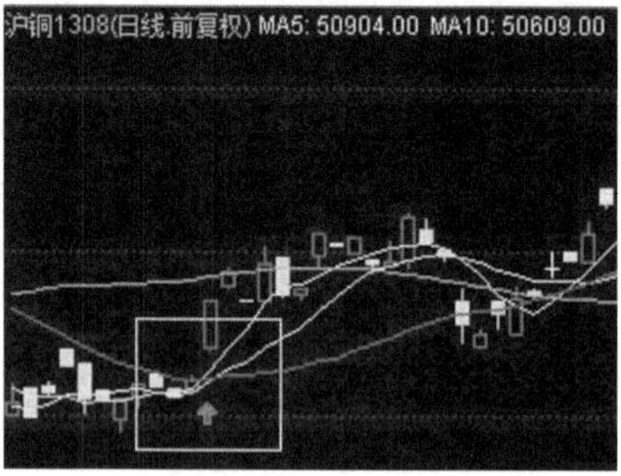

图 7-7 移动平均线(MA)

2.平滑异同平均线(MACD)。平滑异同移动平均线(MACD),使用了正负值(DIF)和异同平均值(DEA)这两个指标,另外还使用了柱状(BAR)这个指标。其中 DIF 是一快速平滑移动平均线与慢速移动平均线的差。快速指短期(如 12 日);慢速指长期(如 26 日)。

MACD 的应用原则大致为:

DIF 与 DEA 均为正值,即都在零轴线以上时,大势属多头市场,DIF 向上突破 DEA,可作买;DIF 与 DEA 均为负值,即都在零轴线以下时,大势属空头市场,DIF 向下跌破 DEA,可作卖。

当 DIF 线向上突破 DEA 平滑线即为涨势确认之点,也就是买入信号。反之,当 DIF 线向下跌破 DEA 平滑线时,即为跌势确认之点,也就是卖出讯号。

当 DEA 线与 K 线趋势发生背离(如 DEA 线逐步走高,K 线趋势逐步走低是底背离,或反之为顶背离)时则为反转信号。

分析 MACD 柱状图,由红变绿时往往指示该卖,反之往往为买入信号。

MACD 克服了移动平均线频繁产生的买入卖出信号,它的买入卖出信号较后者有更高的准确度。但是当市场处于无趋势行情即盘整时,MACD 所发出的买卖信号也易失真,此时更多的是借助 RSI

及 KDJ 指标。一般来说，MACD 捕捉中长期的买卖点比常有效。见图 7-8。

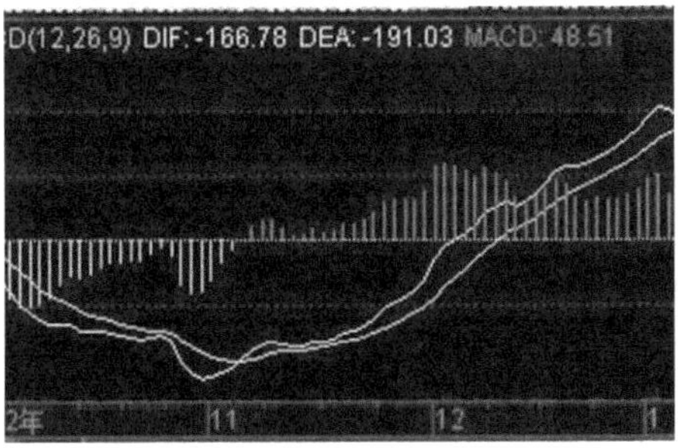

图 7-8 平滑异同平均线(MACD)

3. 随机指标(KDJ)。随机指标 KDJ 采用两条图线——K 线和 D 线，相比之下，D 线更重要，故简称 KD 线。随机指标综合了移动平均线、相对强弱指数的一些优点。它主要研究最高、最低价与收市价的关系，以分析价格走势的强弱及超买和超卖现象。

随机指标 KDJ 具体应用法则如下：

超买超卖区域的判断：K 值在 80 以上、D 值在 70 以上为超买的一般标准；K 值在 20 以下，D 在 30 以下为超卖的一般标准。

在价格持续上涨或下跌时，K 值有可能达到大于 90 或小于 10 的极限值，也就是说，随机指数进入严重超买超卖区域。此时，市场正处于极强的牛市或熊市中。价格达到或超过最高或最低值，并不能说明已到了顶点，相反，此时价格极可能再创新高或新低。K 值达到极限后常略作回调，再次接触极点，此时，市场极可能发生反转。

当 K 值大于 D 值时，表明其是一种上涨的趋势，因此，当 K 先从下向上突破 D 值时，是买进信号。反之，是一种下跌趋势，为卖出信号。(如图 7-9)

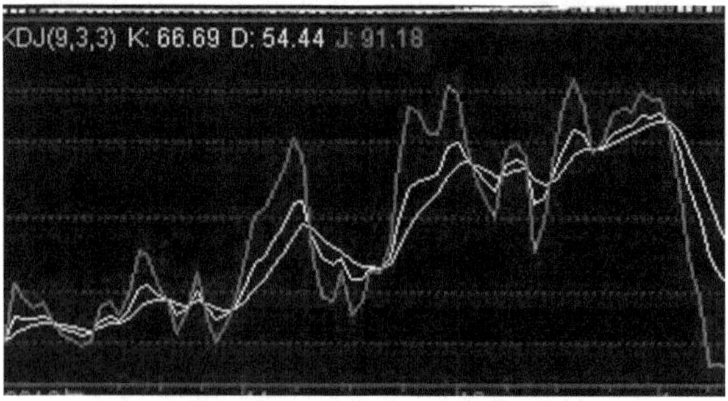

图 7-9　随机指标 KDJ 具体应用

当期价走势一波比一波高但随机指标的曲线一峰比一峰低时，称为顶背离，应注意做空；相反，当期价走势一波比一波低但随机指标的曲线一峰比一峰高时，称为底背离，一般为做多信号。

指标分析系列里还有许多指标，因为篇幅关系不一一列举了。

实训要求

1. 按实训内容对某一具体期货品种进行具体的分析。
2. 写出完整的实训报告。

实训八　金融期货交易

实训目的

了解外汇期货、利率期货、股票指数期货(简称股指期货)等金融期货的基本知识;能进行股指期货行情看盘,熟悉股指期货的基本分析和操作。

实训内容

1. 结合我国市场现状认识发展外汇期货的意义。
2. 掌握国债期货仿真合约及其仿真化交易操作。
3. 进行沪深300股指期货的行情分析与模拟交易。

知识链接

金融期货是指以金融工具或金融产品作为标的物的期货交易方式。金融期货交易具有期货交易的一般特征,但与商品期货相比,其合约标的物不是实物商品,而是金融工具或金融产品,如外汇、债券、股票指数等。

从交易机制或交易规则来说,金融期货和商品期货基本相同。但是,商品期货合约的标的物是有形的商品,而金融期货合约的标的物却是无形的金融工具或金融产品。

一、外汇期货

(一)认识外汇期货

外汇期货是金融期货中最早出现的品种。自1972年5月芝加哥商业交易所(CME)的国际货币市场分部推出第一张外汇期货合约以来,随着国际贸易的发展和世界经济一体化进程的加快,以及其他国家和地区的群起仿效,外汇期货交易曾经接连多年保持着旺盛的发展势头。随着欧元的流通,外汇市场上交易品种明显减少,外汇期货的交易量也有所减少。外汇期货交易量减少的另一个重要原因是外汇市场逐渐完善与发达。以银行和金融机构为主的外汇市场遍布全球各个国家和地区,交易网点数不胜数。还有众多的衍生品交易方式,在这种情况下,外汇期货交易的空间一定程度上被挤压了。

芝加哥商业交易所是最早开设外汇期货交易的场所,也是美国乃至世界上最重要的外汇期货交易场所,活跃的外汇交易品种有欧元、日元、加拿大元、瑞士法郎、英镑、墨西哥比索及澳元。表 8-1 是欧元期货合约细则,其他货币期货合约条款与之基本相近。

表 8-1 欧元期货合约

合约月份	6 个连续的季度月
交易单位	125 000 欧元
最小变动价位	0.0001 点,每合约 12.50 美元;价差套利最小变动价位减半
每日价格波动限制	200 点(7:20 至 7:35 之间),每合约 2 500 美元;7:35 以后不设价格限制
交易时间	上午 7:20 至下午 2:00(场内公开叫价)(周一至周五);下午 4:30 至次日下午 4:00(全球电子交易系统)
最后交易日	交割日期前第 2 个营业日(通常为星期一)的上午 9:16
交割日期	合约交割月份的第 3 个星期三
交割地点	结算所指定的各货币发行国银行
大户报告制度	每个交易者持有期货合约及期权合约头寸(包括所有月份)的净多或净空超过 10000 张时,必须向交易所报告

注:外币期货报价取最后 4 位数作为报价点数,比如,0.9675 美元/欧元报为 9 675 点。

不同币种的期货合约有关交易单位、最小变动价位及每日价格波动限制的规定不尽相同。2006 年 8 月 27 日，芝加哥商业交易所推出了人民币兑美元的期货及期权交易。芝加哥商业交易所人民币外汇期货合约见表 8-2。

表 8-2 芝加哥商业交易所人民币期货合约表

合约月份	连续 13 个日历月再加上 2 个延后的季度月
交易单位	1 000 000 元人民币
最小变动价位	0.00001 点，每合约 10 美元；价差套利最小变动价位减半
每日价格波动限制	不设价格限制
交易时间	周日 15:00 至周五 16:00(全球电子交易系统)
最后交易日	合约最后交易时间为北京时间第 3 个星期三之前的一个交易日(通常为周二)早上 9 点，相当于美国中部时间 19 点或者夏令时 20 点
交割方式	现金交割，交割价格以中国人民银行于该合约最后交易日早晨 9:15(北京时间)公布的汇率为准
大户报告制度	每个交易者持有期货合约及期权合约头寸(包括所有月份)的净多或净空超过 6 000 张时，必须向交易所报告；现货月合约限制为 2 000 张

(二)外汇期货的交易方法

1. 外汇期货套期保值交易。可分为空头套期保值和多头套期保值两类。

(1)外汇期货空头套期保值是指在即期外汇市场上持有某种货币的资产，为防止未来该货币贬值，而在外汇期货市场上做一笔相应的空头交易，从而在即期外汇市场和外汇期货市场上建立盈亏冲抵机制，回避汇率变动风险。

适合做外汇期货卖出套期保值的情形主要包括：①持有外汇资

产者，担心未来货币贬值；②出口商和从事国际业务的银行预计未来某一时间将会得到一笔外汇，为了避免外汇汇率下跌造成损失。

(2)外汇期货多头套期保值是指在即期外汇市场上拥有某种货币负债的人，为防止将来偿付时该货币升值的风险，而在外汇期货市场上做一笔相应的买进该货币期货合约的交易，从而在即期外汇市场和外汇期货市场上建立盈亏冲抵机制，回避汇率变动风险。

适合做外汇期货买入套期保值的情形主要包括：①外汇短期负债者担心未来货币升值；②国际贸易中的进口商担心付汇时外汇汇率上升造成损失。

2. 外汇期货投机与套利交易。外汇期货投机交易可以分为空头投机交易与多头投机交易，多头投机是指投机者预测某种货币汇率上升，先买后卖，将先前设立的多头地位了结，从中谋取盈利的行为。空头投机与多头投机相反，空头投机是预测某种货币汇率将下跌，先卖后买，了结先前的空头地位，从中谋取盈利。因为篇幅原因，本书省略对外汇期货套利交易的介绍。

二、利率期货

(一)认识利率期货

利率期货是指以利率工具为标的物的期货合约，它可以回避利率波动所引起的风险。尽管利率期货的产生比外汇期货晚了 3 年多，但其发展速度却比外汇期货快得多。

利率期货可以分为短期利率期货和中长期利率期货两类。在美国，利率期货交易量基本上集中在芝加哥商业交易所和芝加哥期货交易所。芝加哥商业交易所以短期利率期货(期权)为主，芝加哥期货交易所以长期利率期货(期权)为主。在美国之外，中长期利率期货(期权)是欧洲期货交易所(EUREX)的主要品种，泛欧交易所

(Euronext)则以短期利率期货(期权)为主。

利率期货的标的是货币市场和资本市场的各种利率工具。

利率工具按不同期限,可分为货币市场的利率工具和资本市场的利率工具。货币市场利率工具的期限通常不超过一年,主要有短期国库券(T-bills)、商业票据、可转让定期存单(CD)及各种欧洲货币等。资本市场利率工具的期限在一年以上。利率工具主要有各国政府发行的中、长期国债,如美国的中期国债(T-notes)与长期国债(T-bonds)、英国的金边债券、德国政府发行的各种中长期债券、日本政府发行的债券等。以一年以内的短期利率工具作为期货合约标的物的期货交易称为短期利率期货。超过一年的债务工具称作长期工具,以长期利率工具作为期货合约标的物的期货交易称为长期利率期货。

(二)我国的国债期货

国债期货是国际上历史悠久、运作成熟、风险可控、使用广泛的金融期货产品和风险管理工具。目前,除我国之外,全球前 15 大经济体都推出了国债期货产品。国债期货是国际上成熟的金融期货产品,也一直是中国金融期货交易所的重要储备品种。随着我国债券规模的扩大和利率市场化改革的推进,债券持有者参与国债期货保值避险的需求日趋强烈。上市国债期货成为重要的风险管理工具,形成由债券发行、交易、风险管理三级构成的完整的债券市场体系。国债期货的作用有:为债券市场提供有效的定价基准,形成健全完善的基准利率体系;有利于活跃国债现券交易,提高债券市场流动性,推动债券市场的统一互联;有助于促进债券发行,扩大直接融资比例,推动债券市场的长远发展,更好地发挥服务实体经济的作用。

国债期货仿真交易的合约标的为面额 100 万元人民币、票面利率 3%的 5 年期名义标准国债;每日价格最大波动限制为上一交易日结算价的±2%;最低交易保证金为合约价值的 3%,即按照最低交易保证金，仿真交易一手合约的保证金为 3 万元。

表 8-3　中国金融期货交易所 5 年期国债期货合约

项　　目	内容
合约标的	面额为 100 万元人民币、票面利率为 3%的 5 年期名义标准国债
报价方式	百元报价
最小变动价位	0.01 个点(每张合约最小变动 100 元)
合约月份	最近的 3 个季月(3、6、9、12 季月循环)
交易时间	9:15—11:30，13:00—15:15 最后交易日交易时间：9:15—11:30
日价格最大波动限制	上一交易日结算价的±2%　仿真交易
最低交易保证金	合约价值的 3%
当日结算价	最后一小时成交价格按成交量加权平均价
最后交易日	合约到期月份的第 2 个星期五
交割方式	实物交割
交割日期	最后交易日后连续 3 个工作日
可交割债券	在最后交割日剩余期限 4—7 年(不含 7 年)的固定利息国债
交割结算价	最后交易日全天成交量加权平均价
合约代码	TF

这份合约需要关注以下几点：

1. 合约的标的设定一手的总价值为 100 万元，额定的票面利率为 3%。在交割时，必须是距离交割日剩余期限为 4 到 7 年、种类为记账式附息的国债，只要满足条件的都能进行交割。

2. 国债期货的报价不是全额报价，为了能更直观地表现出价格的波动，采取的是百元报价的方式。图 8-1 是国债期货仿真交易的报价截图，从左到右分别为代码、名称、开盘、最高、最低、最新、涨跌幅。

8670	TF仿指数	97.141	97.141	97.088	97.099	0.008
8671	TF仿1303	97.106	97.126	97.050	97.056	0.000
8672	TF仿1306	97.060	97.110	97.058	97.090	0.026
8673	TF仿1309	97.210	97.216	97.200	97.202	0.000

图 8-1 国债期货仿真交易行情

3. 国债期货的最小变动价格为 0.002 元，每日的涨、跌停板幅度为 2%，交易所收取的最低保证金为 2%（各期货公司会在此基础上加收保证金，以保证客户的资金安全）。

（三）利率期货的交易策略

1. 套期保值策略。利用利率期货进行套期保值回避的是利率变动的风险。利率期货套期保值策略分为卖出套期保值和买入套期保值两大类。

利率期货卖出套期保值是通过期货市场开仓卖出利率期货合约，以期在现货和期货两个市场建立盈亏冲抵机制，规避市场利率上升的风险。其适用的情形主要有：①持有固定收益债券，担心利率上升，债券价格下跌或者收益率相对下降；②利用债券融资的筹资人，担心利率上升会导致融资成本上升；③资金的借方，担心利率上升会导致借入成本增加。

利率期货买入套期保值是通过期货市场开仓买入利率期货合约，以期在现货和期货两个市场建立盈亏冲抵机制，规避市场利率下降的风险。其适用的情形主要有：①计划买入固定收益债券，担心利率下降导致债券价格上升；②承担按固定利率计息的借款人，担心利率下降导致资金成本相对增加；③资金的贷方，担心利率下降导致贷款利率和收益下降。

2.套利交易策略中。利率期货的套利主要有利率期货的跨期套利、利率期货的跨品种套利以及期现套利。利率期货的投机主要有空头投机与多头投机两类。

三、股指期货

(一)认识股指期货

20世纪70年代,西方各国陷入了前所未有的经济和金融双混乱时期。在经济危机和金融混乱的双重压力下,股市危局频频出现,如何创造一个适宜股市的避险工具,自然而然被提上议事日程。最早向美国商品期货交易委员会提交开展股票指数期货交易报告的是堪萨斯城交易所。1982年2月,美国商品期货交易委员会同意引进股指期货合约交易,2月24日,堪萨斯城交易所推出了价值线指数期货合约的交易;4月21日,芝加哥商业交易所推出S&P500股指期货交易;紧接着,纽约期货交易所于5月6日推出了NYSE综合指数期货交易;1983年8月,芝加哥期货交易所推出了主要市场指数(MIMI)期货交易。股指期货一诞生,就取得了空前的成功。

(二)我国的沪深300指数期货

沪深300指数是国内沪、深两家证券交易所联合发布的反映A股市场整体走势的指数,300只指数成分股从沪深两家交易所选出。沪深300指数以2004年12月31日为基日,以该日300只成分股的调整市值为基期,基期指数定为1 000点。成分股名单每半年定期调整一次。该指数现在归属于中证指数有限公司,由其维护和发布。

表 8-4 沪深 300 股指期货合约表

合约标的	内　　容
合约乘数	每点 300 元
合约价值	沪深 300 指数点×300 元
报价单位	指数点
最小变动价位	0.2 点
合约月份	当月、下月及随后 2 个季月
交易时间	9:15—11:30,13:00—15:15
最后交易日交易时间	9:15—11:30,13:00—15:00
价格限制	上一交易日结算价±10%
合约交易保证金	合约价值的 12%
交割方式	现金交割
最后交易日	合约到期月份的第 3 个周五,遇法定节假日顺延
最后结算日	同最后交易日
交易代码	IF

1. 股指期货套期保值操作。股指期货套期保值分为空头(卖出)套期保值和多头(买入)套期保值两种。

(1)空头(卖出)套期保值。空头套期保值是指交易者为了回避股票市场价格下跌的风险,通过在股指期货市场卖出股票指数的操作,而在股票市场和股指期货市场上建立盈亏冲抵机制。进行空头套期保值的情形主要是:投资者持有股票组合,担心股市大盘下跌而影响股票组合的收益。

【案例】 国内某证券投资基金在某年9月2日时，其收益率已达到26%，鉴于后市不太明朗，下跌的可能性很大，为了保持这一业绩到12月，决定利用沪深300股指期货实行保值。假定其股票组合的现值为2.24亿元，并且其股票组合与沪深300指数的β系数为0.9。假定9月2日的现货指数为5400点，而12月到期的期货合约为5650点。该基金首先要计算卖出多少期货合约才能使2.24亿元的股票组合得到有效保护。

卖出的期货合约张数＝224 000 000×0.9÷5650×300＝119（张）

表8-5 沪深300股指期货套期保值交易

日期	现货市场	期货市场
9月2日	股票总值2.24亿元，沪深300现指为5 400点	卖出119张12月到期的沪深300股指期货合约，期指为5 650点，合约总值为119×5 650×300＝2.01705亿元
12月2日	沪深300现指跌至4 200点，该基金持有的股票价值缩水为1.792亿元	买进119张12月到期的沪深300股指期货合约平仓，期指为4290点，合约总值为119×4 290×300＝1.53153亿元
损益	－0.448亿元	0.48552亿元

(2)多头(买入)套期保值。多头套期保值是指交易者为了回避股票市场价格上涨的风险，通过在股指期货市场买入股票指数的操作，在股票市场和股指期货市场上建立盈亏冲抵机制。进行多头套期保值的情形主要是：投资者在未来计划持有股票组合，担心股市大盘上涨而使购买股票组合成本上升。

2.股指期货期现套利操作。股指期货合约实际价格恰好等于股指期货理论价格的情况比较少，多数情况下股指期货合约实际价格与股指期货理论价格总是存在偏离。当前者高于后者时，称为期价高估；当前者低于后者时，称为期价低估。

(1)期价高估与正向套利。当存在期价高估时，交易者可通过卖出股指期货同时买入对应的现货股票进行套利交易，这种操作称为"正向套利"。

(2)期价低估。当存在期价低估时，交易者可通过买入股指期货的同时卖出对应的现货股票进行套利交易，这种操作称为"反向套利"。

实训要求

1.结合外汇市场，分析中国发展外汇期货的意义。

2.进行国债期货仿真化交易，写出实训感受。

3.进行沪深300股指期货的投机与套利模拟交易，写出交易过程。

实训九 期　　权

实训目的

理解期权的基本知识;能进行期权仿真行情看盘;掌握期权的基本分析方法和操作手法。

实训内容

1. 认识与掌握期权仿真合约及其仿真化交易操作手法。

2. 进行期权的行情分析及盈亏计算。

知识链接

一、认识期权

期权(Options)是一种选择权,是一种能够在未来某特定时间,以特定价格,买入或卖出一定数量的某种特定资产的权利。所谓期权交易,实际上就是指这种“权利”的买卖。期权有四大构成要素。

1. 权利金(Premium)。指期权的买方为获取期权合约所赋予的权利而必须支付给卖方的费用,又称期权费、保险费、期权价格或权价。

2. 执行价格(Exercise Price)。期权的买方依据合约规定,买进或卖出相关商品或期货合约。

3. 到期日(Expired Date)。指根据合约约定,期权买方可以行使期权的最终有效期限。超过这一天,期权合约将宣布作废,同时未执行的期权视为自动放弃。

4. 标的资产(Underlying Assets)。每一个期权合约对应一个标的资产，标的资产可以是众多产品中的一种，如各种类型的大宗商品、股票、股价指数、期货合约、债券、外汇等。

二、期权的分类

(一)按期权买方的权利划分：看涨期权与看跌期权

看涨期权是指期权的买方有权按照执行价格和规定时间从卖方手中买进一定数量的标的资产，又称为买权、买入选择权、认购期权或买方期权等。

看跌期权是指期权的买方有权按照执行价格和规定时间将一定数量的标的资产卖给卖方，又称为卖权、卖出选择权、认沽期权、卖方期权等。

【案例 1】 若投资者买入一份纽约商业交易所的执行价格为 80 美元/桶的轻质低硫原油看涨(看跌)期货期权合约，则当投资者行使权利时，不管当时原油的期货价格是多少，他都有权在规定的时间内以每桶 80 美元的价格买入(卖出)一份轻质低硫原油期货合约。

(二)按期权买方执行期权的时限划分：欧式期权与美式期权

欧式期权是指期权买方只有在期权到期日才能执行的期权；美式期权是指期权买方在期权到期前的任何时间均可执行的期权。

美式期权与欧式期权是根据行权时间来划分的，与地理位置无关。此外，美式期权比欧式期权更为灵活，赋予买方更多的选择，而卖方则时刻面临着履约的风险，因此，美式期权的权利金相对较高。

【案例 2】 对于欧式轻质低硫原油期货期权来说，持有者只有在合约规定的日期才能选择是否执行期权，而在这之前，不管行情对持有者多么有利，都无权执行。对于美式轻质低硫原油期货期权来说，只要持有者愿意，他可以选择期权到期日之前任何一天来行权，而不必等到到期日。

（三）按期权合约的标的资产划分：现货期权与期货期权

现货期权的标的物为现货资产，到期交割的是现货商品；期货期权的标的物为期货合约，期权履约后，买卖双方的期权部位将转换为相应的期货部位。

（四）按其是否在交易所交易划分：场内期权与场外期权

场内期权是指在交易所内以固定的程序和方式进行的期权交易，又称上市期权；场外期权是指不能在交易所上市交易的期权，又称零售期权。

场内期权与场外期权的区别主要表现在期权合约是否标准化。场外市场是指管制较少的市场，期权合约可以私下交易，但其交易成本要比场内高。场外期权的优点是其非标准化的合约可以弥补交易所标准化合约的不足，可以满足资产管理人的一些特殊要求，并且除交易双方外，其他人无法掌握交易的相关信息。相对场外期权，交易所提供的二级市场为投资者提供了充分的流动性，同时所有期权合约都由结算公司进行结算，结算公司作为所有期权投资者的对手方承受交易对手方的信用风险。因此，场内期权持有者不必担心交易对手方的信用。

(五)按执行价格与标的物市价的关系划分:实值期权、平值期权与虚值期权

实值期权(In the Money, ITM):期货价格高于执行价格的看涨期权,以及期货价格低于执行价格的看跌期权。

平值期权(At The Money,ATM):期货价格等于执行价格的期权。

虚值期权(Out of The Money,OTM):期货价格低于执行价格的看涨期权,以及期货价格高于执行价格的看跌期权。

【案例 3】 参照前例,对于执行价格为 80 美元/桶的轻质低硫原油看涨(看跌)期货期权来说,当市场价格为 85 美元/桶时,期权为实值(虚值)期权;当市场价格为 75 美元/桶时,期权为虚值(实值)期权;当市场价格为 80 美元/桶时,期权为平值期权。

三、期权的权利金

权利金,即期权价格,指的是期权交易双方在进行交易时,由买方向卖方支付的购买该项权利的金额。期权价格通常是期权交易双方在交易所内通过竞价方式达成的,它由内涵价值和时间价值两部分构成,即:期权价格=内涵价值+时间价值。

(一)内涵价值

内涵价值是指立即执行期权合约时可获取的利润。如果立即执行期权不能产生正的期权价值,则内涵价值为零。因此,期权的内涵价值就是下列两者中较大的一个:①期权处于实值状态的量;②零。

依据标的物价格与期权执行价格之间的关系,期权可分为实值期权、平值期权和虚值期权。显然,实值期权的内涵价值大于零,平值期权的内涵价值等于零,虚值期权的内涵价值也为零。

(二)时间价值

时间价值是指期权到期前,权利金超过内涵价值的部分。从数量上讲,等于期权权利金减去内涵价值。

时间价值是期货价格预期价格变动对期权价格变动的一种金钱上的度量。一般来说,在其他条件一定的情况下,到期时间越长,期权的时间价值就越大。因为期权到期时间越长,标的物价格对于期权买方来说有利变动的可能性越大。同样,对于期权卖方来讲,他只有义务而没有权利,因而到期时间越长,期权被履约的可能性也就越大,即期权卖方的风险越大,当然要求更多的时间价值。此时,期权买方也愿意支付更多的时间价值来购买期权以享受其带来的好处。

随着到期日的临近,期权的时间价值将逐渐衰减,并且一般情况下,衰减速度将不断加大,因为此时标的物价格对期权价格发生有利变动的可能性越来越小,即期权很难从虚值向实值方向转化,而实值期权的实值程度也很难再加深。在到期日,期权就不再具有任何时间价值。值得一提的是,平值期权的时间价值最大,因为标的物价格的微小变动就可将它转化为实值或虚值期权,这种期权的投机性也最大,交易最活跃。

(三)影响期权权利金的因素分析

在期权交易中,权利金是期权合约中唯一的变量,也是构建期权交易策略时必须考虑的一个因素。交易者应该综合考虑各种影响期权价格的因素,这样才能使期权价格设置更加合理。有 5 种因素会影响期权的价格。

1. 标的物初始价格。对于看涨期权来说,标的物初始价格越高,期权的内涵价值越大,权利金也就越高,即看涨期权价格与期货价格呈正相关关系;对于看跌期权来说,期货价格越高,期权的内涵价值越小,权利金也就越低,即看跌期权价格与期货价格呈负相关关系。

2. 执行价格。对于看涨期权来说，执行价格越高，期权内涵价值越低，权利金就越小，即看涨期权价格与执行价格呈负相关关系；对于看跌期权来说，执行价格越大，期权内涵价值越高，权利金也就越高，即看跌期权价格与执行价格呈正相关关系。

3. 期权有效期。不管是看涨还是看跌期权，随着有效期的延长，期权的时间价值趋于增大，权利金也就增大，即期权价格与标的物价格呈正相关关系。

4. 标的物价格波动率。在影响期权价格的5个因素中，波动率是最为重要的，也是最难确定的因素。它度量了标的物价格变动的不确定性。波动率越大，即标的物价格上升到很高或下降到很低的可能性也越大，卖方承担的风险就越大，它要求的权利金就越高，买方为了获取更多的获利机会，也愿意为期权付出较高的权利金。相反，标的物价格的波动率越小，期权的获利可能性及大小都会降低，权利金自然也会降低。

5. 无风险利率。无风险利率对于期权价格的影响较小，却是比较复杂的。若期权为股票期权，则当其他变量的值保持不变，利率增加时，投资者所要求的预期收益会增加，同时期权买者执行期权后收到的现金流的贴现值会降低，所以看涨期权价格会提高，看跌期权价格会降低。而当期权为期货期权时，利率的增长会降低看涨期权的价值，提高看跌期权的价值。总之，利率对期权价格的影响是复杂的，应根据具体情况作具体分析。

【案例4】 某投资者在5月2日以20美元/吨的权利金买入9月份到期的执行价格为140美元/吨的小麦看涨期权合约。同时以10美元/吨的权利金买入一张9月份到期的执行价格为130美元/吨的小麦看跌期权。9月时，相关期货合约价格为150美元/吨，请计算该投资人的投资结果(每张合约1吨标的物，其他费用不计)。

解析：期权的投资收益来自于两部分：权利金收益和期权履约收益。在损益平衡点处，两个收益正好相抵。①权利金收益＝－20－10＝－30。②买入看涨期权，当市场价格150＞执行价格140，履行期权有利可图（以较低价格买到现价很高的商品），履约盈利＝150－140＝10；买入看跌期权，当市场价格150＞执行价格130，履约不合算，放弃行权。因此总收益＝－30＋10＝－20。

四、中外期权市场

（一）国际期权市场

2011年，全球期权交易量达到120亿手，比2010年增加了15.9%。全球期权市场稳定增长。美国期权市场是发展成熟的，其指数期权最主要的交易所是芝加哥期权交易所，而芝加哥商业交易所集团是利率期权、外汇期权、实物期权的主要交易场所。股票期权和ETF期权由于不涉及专利，在美国交易所之间竞争激烈。欧洲主要交易股票期权、股指期权和利率期权，欧洲的两大交易所欧洲期货交易所和泛欧交易所通过不断合并垄断了欧洲期权市场。这两大交易所的期权交易量占欧洲交易量的95%。

亚洲股指期权交易量巨大。亚洲各类期权发展不平衡，股票期权的主要交易所是HKEx和ASX，交易量与欧美相比仍有不小差距。股指期权十分受欢迎，韩国KRX、印度NSE交易量巨大。

国际主要农产品期权的运行情况：从19世纪末美国出现第一个农产品期权品种至今，农产品期权已有100多年的历史。目前，全球共有白糖、棉花、小麦、可可、咖啡、大豆、玉米、油菜籽、橙汁、燕麦等几十种农产品期权种类（具体见表9-1）。近年来，不仅在欧美、日本等发达国家，而且在巴西、印度等发展中国家，农产品期权也都得到了长足发展。农产品期权的交易、结算、风控和做市商制度日渐成熟，农产品期权已成为国际衍生品市场的重要组成部分。

表 9-1 从事农产品期权业务的交易所及交易品种(部分)

交易所	主要农产品期权品种
美国纽约期货交易所(NYBOT)(2007 年并入 ICE)	棉花、白糖、可可、咖啡、冷冻浓缩橙汁
美国芝加哥期货交易所(CBOT)(2006 年并入 CME)	小麦、玉米、大豆、豆油、豆粕
美国堪萨斯城期货交易所(KCBT)	硬红冬小麦
美国明尼阿布利斯谷物交易所(MGEX)	玉米、大豆、硬红春小麦、谷物指数
泛欧交易所(Euronext)(2007 年与纽交所合并)	玉米、可可、罗布斯塔咖啡、油菜籽、白糖、小麦、面粉
日本东京谷物交易所(TGE)	玉米、大豆和原糖
巴西交易所(BM&FBOVESPA)	大豆、咖啡、白糖、棉花

(二)我国的期权市场

我国至今没有在场内交易的标准化期权合约，但根据金融和证券改革与发展的需要，在许多时间和场合应用了期权类的金融工具。这其中主要有股票市场上的权证、债券市场上的可转债和商业银行推出的外汇期权业务。中金所在 2012 年 4 月启动了交易所内部股指期权仿真交易，同年 8 月向 20 家会员放开了沪深 300 股指期权仿真交易。中金所在 2013 年 3 月末将沪深 300 股指期权业务测试范围扩大到全部会员单位。

表 9-2 沪深 300 股指期权合约表

合约标的	内　　容
合约乘数	每点 100 元人民币
合约类型	买权、卖权
报价单位	点
最小变动价位	0.1 点
每日价格最大波动限制	上一交易日沪深 300 指数收盘价的±10%
合约月份	当月、下月及随后 2 个季月
执行价格间距	当月与下月合约
季/月合约	50 点/100 点
交易时间	9:15—11:30,13:00—15:15
最后交易日交易时间	9:15—11:30,13:00—15:00
执行方式	欧式
最后交易日	沪深 300 股指期权合约最后交易日为各合约到期月份的第 3 个星期五。最后交易日若为国家法定假日或因异常情况等原因未交易的，以下一交易日为最后交易日
到期日	同最后交易日
交割方式	现金交割
交易代码	IO
上市交易所	中国金融期货交易所

郑州商品交易所正积极准备商品期货期权交易各项工作，适时开展商品期货期权模拟交易。郑商所首个筹备上市的期权交易品种——白糖期权在合作会员层面的模拟测试结束后，将进入规则完善、系统优化、投资者培训、模拟交易的最后准备阶段。

表 9-3 白糖期权最新方案(依据郑商所提供信息绘制)

交易单位	一手白糖期货合约
报价单位	元(人民币)/吨
最小变动价位	0.5 元/吨
每日价格最大波动限制	与白糖期货合约每日涨跌停板的绝对数相同,期权跌停板不低于期权最小变动价位
到期月份	白糖期货合约交割月前 2 个月及交易所规定的其他月份
交易时间	与白糖期货合约相同
合约类型(代码)	看涨期权(SRC)、看跌期权(SRP)
执行价格	以前一交易日结算价为基准,并根据期权执行价确定执行价间距
执行价格间距	期权执行价在每吨 3000 元以下的,执行价间距为 50 元/吨;每吨 3000 元以上 7000 元以下的,执行价间距为 100 元/吨;每吨 7000 元以上的,执行价间距为 200 元/吨
执行方式和时间	美式。买方每交易日闭市前执行,在到期日 15:20前提交执行和不执行指令
最后交易日	期权到期月份最后一个交易日
合约到期日	最后交易日
上市交易所	郑州商品交易所

实训要求

1. 针对案例进行期权盈亏的计算。

2. 了解期权与期货的差异,区分不同类型的期权,谈谈期权发展对市场的影响。

主要参考资料

[1] 中国期货业协会.期货市场教程[M].8版.北京:中国财政经济出版社，2013.

[2] 中国期货业协会.期货投资分析[M].3版.北京:中国财政经济出版社，2013.

[3] 黄海沧，等.期货交易精要及案例[M].2版.杭州:浙江大学出版社，2010.

[4] 舒苏平，陈挺.期货投资实训[M].北京:经济科学出版社，2008.

[5] 杨树林，等.个人理财一本通——股指期货投资[M].北京:科学出版社，2008.

[6] 黄海沧，等.证券投资实训教程[M].杭州:浙江大学出版社，2010.

[7] 刘仲元.股指期货教程[M].上海:上海远东出版社，2007.

[8] [美]威廉 D. 江恩.如何从商品期货交易中获利[M].李国平，译.北京:机械工业出版社，2011.

[9] 中国期货业协会网站

[10] 大连商品交易所网站

[11] 上海期货交易所网站

[12] 郑州商品交易所网站

[13] 中国金融期货交易所网站

[14] 期权中国网站

[15] 上海澎博财经资讯有限公司

[16] 期货龙听网